CIEL

RUE ET FOYER

PAR

LOUIS-XAVIER DE RICARD

PARIS

LEMERRE, LIBRAIRE-ÉDITEUR

47, PASSAGE CHOISEUL, 47.

1866

CIEL

RUE ET FOYER

L'ART

JOURNAL HEBDOMADAIRE

In-folio de *huit* pages à *trois* colonnes.

Esthétique : — Discussions libres sur le principe et la destination des arts. — Études sur les hommes et sur les œuvres. — Critiques littéraires et artistiques. — Histoire. — Comptes rendus sur tous les arts : poésie, sculpture, architecture, peinture, musique, etc. — Biographies. — Varia. — Bulletin bibliographique. — Poésies et nouvelles, etc.

DIRECTEUR, LOUIS-XAVIER DE RICARD

ABONNEMENT

Paris. —	Un an.....................	10 francs.
—	Six mois.................	5 —
Départements. —	Un an.................	12 francs.
—	Six mois.............	6 —

Pour l'étranger, *le port en sus.*

PRIX DU NUMÉRO : **25** CENTIMES.

On s'abonne chez LEMERRE, libraire éditeur, passage Choiseul, 47.

PRÉFACE

Salut, ami lecteur : — accueille avec bonté
Ces poëmes nouveaux, écrits pendant l'aurore
De cette ère naissante, où l'on entend éclore
Dans les sillons profonds la jeune humanité.

OEil rêveur, je voyais avec anxiété
Croître dans tous les cœurs la lumière sonore ;
Et j'entonnais, devant les cieux qu'elle colore,
Un hymne de triomphe et de sérénité.

J'ai cette ambition, que mon livre révèle,
D'initier ma muse à la nouvelle loi,
Et d'apprendre à mes vers une langue nouvelle.

Si c'est là de l'orgueil, lecteur, pardonne-moi :
Juge, sans parti pris, mon œuvre telle quelle.
Mais sache qu'avant tout c'est un acte de foi.

CIEL

RUE ET FOYER

PAR

LOUIS-XAVIER DE RICARD

———

PARIS

LEMERRE, LIBRAIRE ÉDITEUR

47, PASSAGE CHOISEUL, 47.

—

1866

DU MÊME AUTEUR

POÉSIE

Les chants de l'aude.

En préparation:

Les poèmes de la femme.
Statues et bas-reliefs (Scènes et portraits historiques).

ROMANS

A paraître prochainement: La femme lionne (déjà publié en partie dans la *Revue du Progrès*).
Histoire d'une pauvre fille (en préparation).

CRITIQUE

Les bourgeois littéraires (en préparation);
Les grands artistes français (du XIXᵉ siècle); *prochainement*, première série : Edgar Quinet, Théophile Gautier et Leconte de Lisle.

———

OUVRAGES DIVERS

DE MESSIEURS

LOUIS BROWNE

Histoire d'un rayon de lumière;
L'esprit des beaux-arts : réponse au citoyen Proudhon, par un artiste.

PAUL-LOUIS MIOT-FROCHOT

Histoire des influences littéraires au XIXᵉ siècle.

Sous presse:

La mélancolie : son histoire, son influence depuis les temps les plus reculés jusqu'à nos jours (en préparation).

VICTOR POUPIN

Le chevalier d'amour; 1 vol. in-18. Achille Faure, 3 fr.
Les roses de la marquise (en préparation).
Sans dot (en préparation) paru dans le *Siècle*.

PRUDHOMME SULLY

Stances et poèmes, 1 vol in-18. Achille Faure, boulevard Saint-Martin, 23, 3 fr.

A. RACOT

La proie pour l'ombre (en préparation).

PAUL VERLAINE

Poèmes et sonnets (sous presse);
Les danaïdes : épigrammes (Études antiques) en préparation.

HENRI WINTER

Les révoltés, poésies; pour paraître prochainement.

TABLE DES MATIÈRES

TABLE DES MATIÈRES

TABLE   III

FIN DE LA TABLE.

Imprimerie L. TOINON et Cᵉ, à Saint-Germain.

OUVERTURE

......

DÉDICACE

I

Jadis, sur le fronton de son œuvre éternelle,
Le VATES, que la muse abritait de son aile,
  Gravait un nom divin.
Il croyait que du ciel lui descendait l'extase;
Les Dieux étant la source, il ne fut que le vase,
  Frêle œuvre du destin.

Plus tard, lorsque le Christ vainquit les Dieux antiques,
Le Poëte, enivré de ses songes mystiques,
  Montait chez les élus
Pour y chercher un saint qui, dans l'eau du baptème,
Daignât comme parrain adopter son poëme
  Et l'offrir à Jésus.

Moi qui, de tous ces Dieux ai fait une hécatombe,
Moi, calme fossoyeur qui jette dans la tombe
  Les débris de ma foi,
Ah! qui puis-je invoquer sinon toi, chère femme?
Tous, muse, saint et Dieu, tous ces morts de mon âme
  Je les retrouve en toi.

Car la beauté, l'amour et la grâce demeurent
Pendant qu'au-dessous d'eux les Dieux passent et meurent
      Dans l'éternel néant;
Vous êtes tous, ô Dieux fils de la nuit livide,
Des bulles de savon que dans l'infini vide
      L'homme souffle en jouant.

II

Mais, étant descendu des cimes, où l'Idée
S'assied pour méditer, et, sur l'azur des cieux
Dresse son spectre blanc, témoin silencieux
Et morne, contemplant la nature obsédée;

L'Esprit serein et grave aime à se reposer
Sur des objets plus nets et des choses plus douces;
Il s'amuse aux rayons, lutinant dans les mousses
La gaîté de la fleur, qui lui rend son baiser.

O Dieu, qui que tu sois, le néant ou la vie,
Ou tout ou rien, notre âme a renoncé ton nom ;
Que la Mort nous réserve un paradis ou non,
Nous suivrons nos chemins, sans peur et sans envie.

Nous n'obscurcirons pas notre front attristé
Du bandeau des vieux jours. Il faut aimer et vivre ;
Pour goûter l'idéal, mais sans qu'il nous enivre,
Nous n'avons pas besoin de la divinité.

C'est à l'homme aujourd'hui que notre âme dévoue
Les saintes facultés que nous donnions à Dieu.
Et nous dépouillerons les arbres du saint lieu
De leur manteau feuillu, que l'orage secoue.

Mais nous replanterons l'arbre des Libertés ;
Il s'épanouira dans la cité-nouvelle ;
Ses futures splendeurs, que l'aube nous révèle,
Baigneront ses rameaux d'éternelles clartés.

Nous danserons autour les rondes de nos pères,
Car nous nous souvenons des vieux chants d'autrefois ;
Vieux chants, dont les refrains vainquirent tous les rois
Et portèrent la foudre au fond de leurs repaires.

Ils tonneront encor sur tout usurpateur :
La Révolution relèvera la tête.
Ne vous semble-t-il pas qu'un sourd bruit de tempête
Annonce à l'horizon l'orage rédempteur ?

Salut à toi, progrès, ô soldat et prophète !
O faucheur et semeur ! — Dans nos sillons taris
Fais germer sous les pieds les moissons des esprits.
Convoque tous les cœurs aux bonheurs de ta fête.

Balayant tous nos champs de débris détestés,
Laisse s'y déployer les puissances humaines.
L'avenir guidera vers ses cimes hautaines
Le troupeau bondissant des jeunes libertés.

Et l'immortel amour, Dieu des cœurs et des âmes.
Planera dans l'azur de la perfection ;
Les arts seront son culte et sa religion,
Et sa divinité sourira dans les femmes.

Nature, plus docile à nos ordres meilleurs,
Laissera chaque jour glisser plus bas son voile.
Nous connaîtrons alors les secrets, que l'étoile
Verse avec ses rayons aux calices des fleurs!

III

En attendant, mes vers, oiseaux jeunes encore,
Comme en un colombier, où tu les fis éclore,
        Reviennent dans ton cœur;
Ils reviennent, tremblants, les plumes hérissées,
Et se pelotonnant dans leurs ailes froissées;
        Car ils ont froid et peur.

Ils sont nés de nous deux. Nos baisers sont leurs pères :
Et nous leur avons fait un nid, non des fougères
        Et des mousses des bois,
Mais de nos sentiments et de nos rêveries;
Et les chuchotements de nos heures chéries
        Ont passé dans leurs voix.

Chantez, volez, mes vers; et tentez les tempêtes!
Défiez, tout petits et faibles que vous êtes,
        L'oubli, — ce grand vautour.
Volez donc et chantez! — Si notre essaim succombe
Elle et moi, nous avons préparé votre tombe
        Au fond de notre amour!

                                    2 juillet 1861.

LIVRE PREMIER

L'ART ET L'HISTOIRE

A EDGAR QUINET

> — Chaque jour la justice m'a paru plus sainte; la liberté
> plus belle; la parole plus sacrée; l'art plus réel; la réalité
> plus artiste; la poésie plus vraie; la vérité plus poétique;
> la nature plus divine; le divin plus naturel.
>
> (EDGAR QUINET.)

> — On voit des cieux nouveaux dans les regards des femmes.
>
> (QUINET. — *Prométhée.*)

I

A EDGAR QUINET

SONNET[1]

La baguette du temps frappe le jour nouveau
Au fond de l'avenir, où tout enfant il joue ;
Souriant au destin, il se lève et secoue
La brume et le brouillard qui chargent son manteau.

L'aurore, en rougissant, l'embrasse, puis dénoue
L'or roux de ses rayons sur son front jeune et beau.
Il part ; et l'Univers sort, comme d'un tombeau,
De la profonde nuit qui s'azure et se troue.

Ainsi, ta main hardie et sereine a placé
Les clartés du savoir et de la poésie
Dans notre âpre chemin, que l'ombre avait glacé.

Tu fis vibrer les cœurs du verbe de la vie
Dont le charme éternel réveille les esprits.

L'âme de l'avenir habite en tes écrits.

17 septembre 1864.

1. Paru dans la *Rive-Gauche*.

1.

II

LES DEUX POLES

A CHARLES GANNEAU

I

Tandis que le troupeau des âmes insensées
Confusément se rue à l'assaut de demain;
Toi, ne laisse jamais l'essaim de tes pensées
Rôder dans les buissons qui bordent ton chemin.

Sous le fouet des désirs, qui gouvernent la foule,
Comme un fier étalon cabre ta volonté,
Et, bravant le torrent du destin qui s'écoule,
Assieds-toi fortement dans la sérénité.

O sphinx vivant! la houle immense des marées
Baise de ses flots bleus ton poitrail de granit,
Car ton regard, perçant les profondeurs sacrées,
Voit l'avenir paraître où l'horizon finit.

Il sourit, il t'appelle, et sa main te fait signe ;
Une rose lueur éclaire son front nu,
Et, pareil à Brahma sur le dos du grand Cygne,
Il parcourt lentement la mer de l'inconnu.

A l'horizon fuyant il disparaît et plonge ;
Le rideau des brouillards obscurcit sa clarté :
Et, bercé dans la nuit sur le rhythme du songe,
Le monde hésite et pleure et se sent arrêté.

Dans l'azur du ciel brun les yeux bleus des étoiles
Versent le vif argent de leurs regards tremblants ;
Et leur sombre lueur, crevant l'ombre des voiles,
Sur le linceul des nuits brode des filets blancs.

Mais toi, calme toujours, certain des destinées,
Tu soulèves alors ta fauve majesté ;
Tu vas ; et le fardeau des anciennes années
Charge tes vastes flancs sans courber leur fierté.

Ainsi, le buffle morne, à l'heure des ténèbres,
Poussant ses lourds fanons dans la moire des eaux,
Nage nonchalamment, et, sous les cieux funèbres,
De ses frôlements longs écrase les roseaux.

Autour de toi, la foule oscille dans l'abîme ;
Le vent des passions la roule largement ;
Et toi, tu suis toujours ta vision sublime
Qui gravit les azurs profonds du firmament.

Dans ton cœur éternel vivent les espérances ;
Elles chantent pour toi la chanson du progrès,
Et, souriant au sein des vaines apparences,
Conduisent ton esprit vers les horizons vrais

Mais tu sais bien qu'il faut, car ton rôle est austère.
En cherchant l'avenir respecter le passé,
Et qu'aux piliers des temps, appuyés sur la terre,
Le fil de nos destins est toujours enlacé.

Sur son trône brumeux l'Aurore maternelle,
Par les rayons nouveaux transformée à tes yeux,
Balance, suspendus à sa forte mamelle,
Les pâles souvenirs de nos premiers aïeux.

Tu vois se refléter dans ta large pensée,
Ainsi qu'en un miroir, les âges révolus,
Et tu tends, en rêvant, une oreille empressée
Aux cantiques lointains d'une ère qui n'est plus.

II

La grande Nuit vaincue, ayant levé son aile,
Laissait s'épanouir tous les mondes éclos;
Et, poussant son char roux dans l'ornière éternelle,
Le soleil, jeune encor, souriait sur les flots.

Dans leurs roses manteaux les aurores hâtives
Épanchaient de leurs yeux des rayons plus certains;
Et le long chapelet des heures primitives
Pendait négligemment au cou blanc des Matins.

La conquête des Dieux envahissait les âmes;
Les mystères en chœurs chantaient dans les esprits,
Et l'Océan hurleur lançait l'assaut des lames
Contre les continents que le temps avait pris.

Les essaims radieux des rêves prophétiques
Des brumes du chaos s'élevaient dans l'air pur.
Et planaient sur le front des sagesses antiques,
Pensant au bord du fleuve ou contemplant l'azur.

Dans le pourpre horizon des lueurs cristallines,
Les peuples écoutaient, inclinés sous les cieux.
Les poëtes versant leurs strophes sibyllines
Sur les pieds des autels où descendaient les dieux.

Un bruissement vague emplissait les oreilles,
La vie adolescente épanchait tous ses feux
Qui pétillaient, pareils au vol d'or des abeilles
Tournoyant sur les fleurs parmi des rayons bleus.

Le front ceint de padmas, les déesses des fleuves
Poussaient vers Çamtanu leurs grands troupeaux marins.
Et dans le Swarga, plein d'âmes pures et neuves,
Les gandharbas chantaient sur les vinas divins.

Les ondoiments flottants des vagues harmonies
Roulaient dans les brouillards par l'aurore empourprés.
Et le groupe chantant des formes infinies
Des transformations gravissait les degrés.

L'homme étonné voyait, sous des lueurs mystiques,
Des êtres monstrueux passer confusément,
Derniers contemporains des siècles granitiques
Où la vie ébauchait l'ordre et le mouvement.

Et les Dieux incarnaient les puissances des choses:
Leur troupe gravitait, comme autour de son nid,
Autour de l'Univers, qui plonge dans les causes
Ses pieds, et dont le front se perd dans l'infini.

Tandis que vers l'azur tendaient leurs vols sublimes,
Leurs yeux marmoréens suppliaient l'avenir
Qui, volant, comme l'aigle, à la hauteur des cimes,
Toujours sourd et serein les regardait venir.

Ah! l'avenir sait bien qu'il est inaccessible;
Les hommes et les Dieux, de sommets en sommets,
Le poursuivent en vain! — Car sa fuite invincible
Traverse l'infini sans s'arrêter jamais.

Les sages, contemplant les divines essences,
Émondaient sans pitié leurs désirs sensuels,
Et dans leur pureté, source des connaissances,
Leurs volontés trouvaient les cieux spirituels.

La mort, avec respect, cueillait leurs saintes âmes;
Et, comme des trésors, les présentait aux Dieux
Qui les semaient aux champs des azurs et des flammes
Pour en faire germer des astres radieux.

Enfin l'humanité, plus large et plus nombreuse,
Rauque troupeau de flots, déserta l'ancien lit
Dont l'aube blême ourlait la rive ténébreuse,
Et qu'aujourd'hui la vide obscurité remplit.

La constance des Dieux suivit ses lentes vagues
Jusqu'à l'endroit, marqué par la fatalité,
Où dans les airs, chargés de chants calmes et vagues,
On entendait parfois parler l'Éternité.

Or, voici Nazareth : une vierge inconnue
Berçait un frêle enfant que tout semblait bénir,
Et les Dieux ont compris que l'heure était venue,
Ayant vu sur son front le doigt de l'avenir.

Et les Dieux dispersés ont pleuré sur les routes ;
Le ciel de l'idéal se ferma pour toujours,
Et, comme des soldats épars dans les déroutes,
Ils allaient gémissant sous les nuits des bois sourds.

Et l'immense Univers, comme un champ de bataille,
Couvert de corps de marbre et de débris pieux,
Étala, sous le ciel morne où rien ne tressaille,
Les épouvantements du désastre des Dieux.

Blond pays du soleil et des vastes aurores,
Orient, ton ciel large a couvé les esprits :
Et ton sein, palpitant sous des frissons sonores,
Du lait de l'idéal ton sein les a nourris.

Les divines moissons ont fleuri sur ta terre ;
Parmi tes bleus padmas le progrès a germé,
Et le chant alterné de l'homme et du mystère
Bourdonne vaguement sous ton ciel embaumé.

L'arc de Kâma-Déva se tend, vibre, se penche,
Et siffle au fond des bois, témoins des premiers jours,
Et sa flèche de fleurs frappe, en froissant la branche,
Les couples enivrés, buvant les longs amours.

La vertu de son souffle, en passant sur le monde,
Y féconde les fleurs des rêves enchantés,
Et le désir divin, dont elle nous inonde,
A travers le passé s'unit à tes beautés.

Orient ! Orient ! toute âme calme et fière
Comme un trésor sacré garde ton souvenir.
Car la tradition est la vive lumière
Qui, du lointain des temps, jaillit sur l'avenir.

III

Ainsi, te racontant l'aurore primitive,
O poëte, tu suis, certain d'avoir raison,
Les futures splendeurs qui, dans la perspective,
Empourprent l'orbe vague où plonge l'horizon.

Sous ton destin pesant ne courbe pas l'épaule :
Marche ! vers l'avenir parti de l'Orient ;
Marche d'un pied tranquille entre ce double pôle :
Dédaigne le présent qui murmure en fuyant.

Il t'insulte, il te hait. Que t'importe sa haine,
A toi dont le courage, acceptant le destin,
De l'époque des Dieux va vers l'époque humaine,
Et du passé sans fonds à l'avenir sans fin ?

O poëte, ton sein qui le contient, frissonne
Sous la gestation du nouvel idéal,
Et le chant de ta voix ondoyante résonne
Comme un frémissement sonore de cristal.

Ta sereine énergie embrasse l'impossible.
Laissant à tes pieds choir les vains bonheurs tentés,
Ton intuition observe l'invisible
Par delà le présent et les réalités.

Va ! toujours, ô penseur, amant de l'espérance !
Sous les baisers du vrai fais naître la beauté,
Et laisse murmurer les flots de l'ignorance
Autour de ta puissance et de ta volonté.

18 octobre 1864.

III

APHRODITÈ ANADYOMENÈ

A VICTOR POUPIN

> — Enfin l'homme s'élève et tout rentre dans la
> paix... La puissance de transformation n'est pas
> épuisée; elle s'est réfugiée dans le cœur et dans
> la puissance de l'homme... A la genèse de la ma-
> tière a succédé la genèse de l'intelligence.
>
> (EDGAR QUINET. — *Génie des Religions.*)

I

C'était un des matins de la vie Éternelle :
La jeune Aube riait sur le jeune Univers.
Or, l'esprit vagissait dans l'ombre maternelle ;
La nature, avec soin le couvant sous son aile,
Nourrissait de clartés ses regards entr'ouverts.

Okeanos, trainant son manteau dans les brumes.
Se berçait, en rêvant sous l'azur infini :
Ses flots joyeux dressaient leurs aigrettes d'écumes.
Si bien qu'on les eût cru couverts des blanches plumes
De quelque immense oiseau dont ils pillaient le nid.

Les sereines forêts laissaient leur chevelure
Tomber en anneaux verts sur leur sein virginal;
Et tous les habitants de l'épaisse ramure
Avec les vents plaintifs alternaient un murmure
Qui vaguement flottait dans l'éther matinal.

Or, comme un encensoir, la jeunesse du monde
Élevait ses parfums dans les splendeurs du jour.
Du haut de l'Orient, Éôs, rosée et blonde,
Épanchait on ne sait quelle senteur profonde
Qui n'était que le souffle embaumé de l'amour.

L'homme était né déjà.: son âme épanouie
Flottait comme un lotos, dans son éternité;
Il ouvrait tout son être aux forces de la vie;
Son esprit curieux, sans haine et sans envie
Songeait, n'étant vêtu que de sérénité.

Calme, il se confiait à la bonté des choses,
Il amassait en lui sa méditation;
La nature, lassée à varier ses poses,
S'abandonnant aux lois de ses métamorphoses,
Se reposait en lui de la création.

Et la matière, alors, comme une fiancée,
Pour féconder son flanc appelait un amant;
Et l'homme la comprit; et l'œuvre commencée
Enfante un nouveau monde infini : *la Pensée.*
Depuis, l'homme est le Dieu qui crée incessamment.

La nature s'apaise; elle a trouvé son maître.
La genèse, dès lors, s'accomplit dans l'esprit.

Le souverain du monde à peine vient de naître,
Que l'on voit le chaos rugissant disparaître,
Et surgir les sommets, où l'idéal fleurit.

L'homme est Dieu : vagissant dans son nid de lumière,
Il grandit lentement dans l'abîme du ciel :
Il délivre, en chantant, son âme prisonnière ;
Sous sa main, jeune encore, il dompte la matière,
Et ses désirs actifs transforment le réel.

II

Premier père de tout, Chaos, immense et sombre,
Agitait dans son sein les univers futurs :
En rêvant, il voyait, fécondés sous son ombre,
La Matière et l'Esprit lever leurs germes mûrs
Et sortir lentement de l'Espace et du Nombre.

Une forme naquit, et Géa fut son nom.
Les aubes blémissaient au fond du ciel esclave.
Géa, jeune, entendait, sous ses pieds de limon,
Le Tartare rouler son océan de lave :
— Mais les ailes d'Erôs battent à l'horizon.

Erôs, l'aîné des Dieux ! — Il paraît, il appelle.
La forme s'est dressée, et la forme a chanté.
Sous les leçons d'Erôs, l'Esprit enfant épelle
Le poëme confus de la jeune Beauté,
Et sent vivre partout l'Harmonie éternelle.

Étant nés, Erèbos et Nyx se sont connus ;
Hèmera, sœur d'Éther, ébauche la lumière.
Les mystères de l'Ombre antique sont vaincus ;
Gèa veut abriter sa beauté calme et fière,
Et déploie Ouranos sur ses larges flancs nus.

Ayant pris pour époux son fils, Gèa fut mère ;
Elle enfanta la race immortelle des Dieux,
Les six Titans, leur sœur, Gygès l'hécatonchère,
Ses deux frères, les trois Cyclopes aux trois yeux ;
Race de demi-dieux redoutés de leur père.

Ouranos enfermait chaque enfant nouveau-né
Dans la secrète horreur de la Nuit souterraine.
Et la terre entendait dans son sein consterné
Sourdre, naître et grandir la Vengeance et la Haine. —
Elle compta ses fils — et le fer fut créé.

Forgeant avec le fer une faux acérée
Elle dit à ses fils : — « Vengez-vous, vous et moi ! »
Nul n'osa la venger. — Gèa, toute éplorée,
Fuit vers Kronos : — « Mon fils, venge ta mère et toi ! »
Kronos tendit la main et prit l'arme sacrée.

La Nuit vaste versait ses ombres à longs flots.
Il attend. Vers ton sein, qui lui verse l'ivresse,
Le chœur des Voluptés amenait Ouranos,
O Gèa ! — Mutilé soudain, le Dieu s'affaisse
Dans un rugissement où râlaient des sanglots.

Son sang coule ; et tombé sur Gèa qu'il féconde,
Produit les Erinnys, les géants musculeux,

Les Nymphes au sein blanc, troupe charmante et blonde.
Et ses virilités, qu'il disperse sur l'onde.
Font d'un frisson d'amour écumer les flots bleus.

III

Voyez ! — Okeanos, effleuré par les brises,
Fait pâmer sur ses bords ses caresses soumises ;
        Son immensité resplendit.
Le vent donne à la fleur un baiser long et tendre :
Du fond des horizons lointains, on croit entendre
        Comme un chant sacré qui grandit.

Il est jour ; et pourtant une nouvelle aurore
Transfigure soudain le monde, et fait éclore
        Dans le cœur de l'Humanité
Ces fleurs des saints Désirs qui, germés dans les rêves,
Épandent à longs flots sur les déserts des grèves
        Un parfum de virginité.

Comme une main d'amante, une extase sublime
Dompte, en la caressant, la fougue de l'abîme.
        Souriante, l'Éternité
Verse sur les cités, les forêts et les plaines,
Le blond enchantement des voluptés sereines
        Et de l'éternelle Beauté.

O Monde, qu'attends-tu ? réponds, Esprit de l'Homme !
Trône de l'Idéal, que ton seul désir nomme,
        Et qu'il révèle à l'Univers,

Quel Dieu nouveau vagit dans la clarté nouvelle?
Vois-tu déjà l'éclat de sa gloire immortelle
    Emplir les cieux ouverts ?

Non ! ce n'est pas un Dieu que la Nature espère.
Un enfant nouveau-né que l'Infini, son père,
    Allaite des feux du matin.
Ces enfants vivent peu ; la troupe des années
N'adore pas longtemps leurs têtes, couronnées
    Par la main pâle du destin.

IV

Au loin l'horizon bleu se soude au manteau glauque
Du vague Okeanos, dont la voix grave et rauque
    Ébauche de doux chants d'amour ;
Et son vaste remous, qui crépite et bouillonne,
Balance les rayons que, comme une couronne,
    Le Flot reçoit des mains du Jour.

Et le Flot, en jouant, témoigne de sa joie :
Ainsi qu'un serpent vert, il se roule, il ondoie.
    Il glisse, et se lève, et s'endort.
Dans ses limpidités il se mire lui-même :
D'un peu d'écume blanche il fait son diadème
    Et d'un rayon son manteau d'or.

Mais voyez ! il s'ébranle ; il s'agite ; il s'anime.
Il accourt sur ses bords en chantant ; et l'abîme
    Tord et crispe ses flancs amers.

Il cabre jusqu'au ciel son lourd troupeau de vagues :
Puis on entend hurler, en sons brumeux et vagues.
    Un chant qui vient des hautes mers.

L'abîme est apaisé. Tout ruisselant d'aurore,
Apparaît au lointain un nid qui vient d'éclore.
    Tressé d'écume et de clarté.
Salut au nid divin qui portait une femme !
Et l'Infini berçait sur le rhythme de l'âme
    La fille de l'Éternité.

V

Comme de grands oiseaux qui palpitent de l'aile,
Les flots admirateurs se pressaient autour d'elle ;
Et tous, aplanissant leurs dos, se transmettaient.
O Beauté, ton berceau d'idéal, et chantaient.
L'air et la mer vibraient d'invisibles cantiques.
Et l'homme, pénétré de tes parfums mystiques,
Contemplait, dans sa grâce et sa réalité,
Ce rêve de splendeurs qu'il avait médité.

Salut, Aphrodité, reine des saintes formes,
Le flot te poursuivait de ses lèvres énormes,
Et, douce, déployant les ondes de tes flancs,
Tu souriais, le front posé sur tes bras blancs.

Salut, Aphrodite! le jour qui te vit naître
Révélait aux humains qu'il vaut la peine d'être,
Puisque tu surgissais de l'horizon des mers,
Et que ta beauté sainte absolvait l'univers.

Les Désirs immortels, planant au dessus d'elle,
Essaim rose et pourpré qui la faisaient plus belle,
S'évidant en ovale et s'enlaçant entre eux,
Volaient comme un vaisseau labourant les flots creux ;
Et le souffle embaumé de leurs lèvres divines
Épanouit les cœurs jusqu'au fond des poitrines,
Et leur chaste concert, escortant la Beauté,
Exhale comme un chant la douce Volupté.

De ce jour seulement naquit l'Homme : le monde
Était transfiguré ; dans sa force féconde
Il s'épanouissait sous la sérénité
De la nouvelle aurore et de l'Humanité.
Car la Beauté donnait un sens à la Nature.
On sentait sourdre enfin l'explosion future
De l'Idéal humain, créateur à son tour.
L'Esprit, vivifié par l'immortel amour,
Évoquait, dans le chœur sacré des harmonies,
Les confuses splendeurs des formes infinies.

VI

Aphrodité ! symbole adorable et sublime,
Le soleil éternel te vêt de sa clarté,
Et le souple ondoiment des vagues de l'abime,
Sous son baiser humide a poli ta beauté.

Un flot cristallisé forme ta hanche ronde :
C'est d'un rayon d'azur que sont faits tes yeux bleus.
Comme la mer, ta grâce infinie et profonde
Déroule en serpentant ses contours onduleux.

Tes cheveux, dénoués sur le haut des collines,
Jusqu'au fond des vallons font ruisseler le jour.
Tu portes l'Infini sous tes hanches divines,
Mère des voluptés et mère de l'amour.

Les puissantes vertus des senteurs aquatiques
Ont trempé dans ton sein les éternels désirs,
Et le groupe amoureux de tes formes plastiques
Éveille dans les cœurs les essaims des plaisirs.

Avant toi, l'univers, dans ses laideurs nocturnes,
Roulait confusément le chaos des destins ;
Les jours, jeunes encor, ne versaient de leurs urnes
Qu'une aube frissonnante et des feux incertains.

A travers le silence et les lourdes ténèbres,
La lente humanité pleurait entre ses bords,
Ne voyant, sous le voile épais des cieux funèbres,
Que les bêtes des nuits et les oiseaux des morts.

2

Dans l'immense creuset, le mélange des choses
Poursuivait l'harmonie et cherchait la beauté :
Et l'Esprit, ouvrier de ses métamorphoses,
Renouvelait sans fin la vague éternité.

Mais tu surgis alors, fleur de cette genèse !
Comme Brahmâ, naissant du nombril de Vishnou.
Tu fleuris et souris; et tous, tressaillant d'aise,
Les mondes en colliers sont pendus à ton cou !

La matière infinie entonne les louanges :
L'Esprit baise en chantant ton pied marmoréen,
Et ton éternité voit les dieux et les anges
Passer, depuis Brahmâ jusqu'au Nazaréen.

Car tu survis à tout : tu souris des orages !
Le serpent de l'éclair n'atteint point tes sommets :
Comme des pèlerins, les longs troupeaux des âges
Défilent devant toi sans t'oublier jamais.

Ta nudité sublime épanouit sa gloire
Dans le cœur du poète, où, devant ton autel,
L'Idéal, embrassant tes épaules d'ivoire,
Te chante le printemps de l'amour éternel.

O sainte Aphrodité, vers celui qui t'implore
Envoie une colombe ; et, pour prix de sa foi,
Cueille et mets sur ton sein quelque rameau sonore
Du poëme fleuri qu'il cultiva pour toi.

Septembre 1864.

IV

A VÉNUS DE MILO

O Vénus de Milo, grand poëme sculpté,
Les charmes infinis rêvent sous ta paupière,
Et les baisers muets de tes lèvres de pierre
Font descendre en nos cœurs la sainte volupté.

Hymne marmoréen, tu vois l'éternité
T'admirer, et sourire à ta candeur altière ;
A genoux devant toi, l'esprit et la matière,
Adorent ta puissance et ta sérénité.

Le temps a respecté ta grâce tout entière,
Et de nos passions la vaine activité
N'a jamais dérangé les plis de la beauté.

Poëte, garde ainsi ton âme intacte et fière ;
Que ton esprit, vêtu d'impassibilité,
Marche à travers la vie au but qui l'a tenté.

30 décembre 1864.

V

LE COMBAT

A P. L. MIOT-FROCHOT

I

PREMIER RÉCITATIF

I

Le ciel se déployait comme un linceul d'airain :
La terre était pareille aux mornes catacombes ;
Et la mort répondait, sur un rhythme serein,
Aux vents échevelés qui couraient sur les tombes.
Le long des noirs chemins, se faisant signe entre eux,
Les arbres balançaient leurs spectres ténébreux,
Et sifflaient en pleurant la chanson des orages :
Pendus aux cheveux verts des pins et des cyprès,
Bercés comme des mâts dans les bras des naufrages.
Les esprits du tombeau, les éternels Regrets
Hurlaient et mugissaient comme des loups sauvages.
Traqués par la famine au profond des forêts.

2

Le long de ces chemins quelques hommes li es,
Immobiles, étaient tous debout et sans voix :
Un murmure funèbre en sortait quelquefois,
Pareil aux vents soufflant dans de vieux palais vides.
Leurs fronts étaient baissés : — ils semblaient écouter.
Hommes, écoutiez-vous la chanson des orages,
Que tous ces arbres noirs s'étaient mis à chanter?
Écoutiez-vous hurler comme des loups sauvages
Les esprits du tombeau, les éternels Regrets,
Pendus aux cheveux verts des pins et des cyprès?
« —Chanteur, vous vous trompez; ce n'est pas pour entendre
» Que nous sommes ici.

         — Pourquoi donc ?

               — Pour attendre. »

3

Ah ! tendez-moi la main ; je ne sais où je suis.
Mon pied tremble, et j'entends le noir manteau des nuits
Tomber, et rudement froisser ton sein, ô terre.
Donc, conduisez mes pas au fond de ce mystère.
Ces hommes qui sont-ils?

        Je leur dis : — « Qu'êtes-vous ? »
— Alors, comme la voix d'une foule innombrable,
Comme un rugissement de troupeau dans l'étable,

Tous dans un chœur immense, ils répondirent tous :
« — Nous sommes les gardiens de la morte immortelle :
» Et nous attendons l'heure où, déployant son aile,
» Elle va refleurir dans la vie éternelle,
» Et remettre à nos mains son glaive de courroux !

4

_» Son glaive de courroux ! son glaive de justice !
» Silence, l'ombre est noire... Oh ! murmurons tout bas...
» Le crime veille encore ; et la Nuit, sa complice,
» En marchant doucement le berce dans ses bras ! »

Alors le chœur gémit comme un champ de bruyère,
Que les vents du matin effleurent en passant,
Et qui, sous leurs baisers, se lève en frémissant.
Alors le chœur gémit, ainsi que la prière
D'une vierge qui va s'endormir et rêver.
Écoutons ! — L'ombre est noire et la justice est lente !
Mais ne voyez-vous point là-bas l'aube sanglante
Ceindre son corselet de pourpre et se lever ?

II

LES LITANIES

Voici ce que pleurait ce nocturne murmure :

« — Hélas ! les temps sont froids, et, dans l'obscurité,
Les cœurs se sont rouillés comme une vieille armure.

Le linceul de la nuit couvre l'humanité,
Qui, sous son poids de plomb, se débat et sanglote :
On a, dans les bois sourds, saisi la liberté,

On a lié son corps de fer et de menotte ;
Puis, comme un or qu'on vole, on l'a mis dans un trou
Creusé, dans les bois sourds, au profond d'une grotte.

Or, nous allons ainsi, cherchant sans savoir où ;
— Silence ! l'ombre est noire, et la justice est lente !
Frères ! j'entends au loin pleurer l'aube sanglante ! »

III

DEUXIÈME RÉCITATIF

Allez, marchez, luttez ! — Bonne fille, la nuit
Abrite également contre son flanc sonore
La justice qui cherche et le crime qui fuit ;
Mais son ombre n'est rien quand on attend l'aurore.

La crainte est à celui qui voudrait l'éviter,
Sachant bien qu'avec elle arrive la justice.
Que font vos ennemis ? — Ecoutez-les chanter,
Ainsi que des grillons, au bord d'un précipice.

Ils chantent ! sans songer que demain va venir
Et que l'éternité n'appartient pas à l'ombre ;
Et comme des oiseaux, les heures, au vol sombre,
S'élèvent longuement du fond de l'avenir.

IV

CHANT NOCTURNE

1

Nuit ! ne t'en va pas : c'est toi qui nous sauves !
Cache bien ta lune ; éteins tes flambeaux ;
Nous te vouons, nuit, un bouquet de mauves
Cueilli par le glaive auprès des tombeaux.
Vois, autour de nous, le hibou miaule :
L'hyène glapit, et, sur notre épaule,
L'orfraie au vol lourd s'abat ; à son rôle
Chacun est fidèle : et l'épée, au poing,
Ainsi qu'un serpent dans une broussaille.
Inquiète, veille, écoute et tressaille,
Et le voyageur nocturne, où qu'il aille,
S'il passe en nos bois n'en sortira point.

2

Frères ! à quoi bon perdre notre joie,
A veiller toujours la morte en son trou :
Mieux vaudrait courir à quelque autre proie
Et nous en gorger tout à notre soû.
La morte est bien morte, et je ne crains guère
Qu'elle se réveille et sorte de terre

Pour nous écraser. — Depuis le Calvaire
On ne revoit plus ces miracles-là.
Craignez-vous le pied lent de la justice ?
La pauvrette est loin ; et la nuit propice
Met son manteau d'ombre à notre service.
De bons vins ! — Voici ! — Des femmes ! — Voilà !

3

Silence ! J'entends un vague murmure
Comme un bruit d'oiseaux qui rasent le sol,
Qui glisse, serpente et dans la ramure
Va plus bruyamment abattre son vol.
On a vu briller l'œil rouge d'un glaive !
Des voix ont passé comme dans un rêve,
Et là-bas, dit-on, la tombe soulève,
Par moment, sa pierre énorme et gémit.
La lune pâlit ; l'astre flotte et sombre.
Les chênes ont vu circuler dans l'ombre
Messager de mort, un grand vautour sombre
Sous qui la forêt profonde frémit.

4

Holà ! l'Orient déjà se colore,
Et le jour hâtif lève à l'horizon
Les rayons lactés de la lampe aurore ;
La forêt, qu'agite un léger frisson,

Se redresse et chante ; et sa taille verte
Rejette la nuit dont elle est couverte ;
Et le noir troupeau des hiboux déserte
Les rameaux vibrants et rentre en ses trous.
Nos amis sont loin ; la nuit se replie ;
L'œil du jour futur de loin nous épie ;
J'entends s'éveiller l'épée assoupie.
Silence ! on approche, — et préparons-nous !

V

TROISIÈME RÉCITATIF

Oui ; l'épée en effet se rapproche et frissonne !
Le brin d'herbe a saigné là-bas sur un tombeau.
Le grillon a pleuré. L'aube éclate et résonne
Comme un clairon sonore escorté d'un flambeau.

Des chants ont déroulé leurs larges harmonies
Au milieu des splendeurs charmantes du matin ;
Et l'on entend parler je ne sais quels génies
Dans les ondulements de leur flot cristallin.

Esprits, réveillez-vous ! — Le soleil qui se lève
Hâte ses rayons prompts pour les mieux écouter.
C'est le chant alterné de la lyre et du glaive
Que d'invisibles voix se sont mis à chanter.

VI

CHANT DU RÉVEIL

1

Le soleil qui commence en jouant sa carrière,
Brandit à l'horizon son faisceau de lumière,
Se lève; — et l'incendie éclate sur la nuit.
Il s'élargit, il court ainsi qu'un plomb liquide,
Il s'étend, se déroule à longs flots; et, livide,
Devant lui, pas à pas, la nuit recule et fuit.

Salut! ô jeune jour! ô jour expiatoire!
Les rayons dans la main, entre dans ta victoire.
Le sombre enfant des nuits frémit en te nommant.
Mais la vertu, longtemps opprimée et chassée,
Apparaît, et sourit comme une fiancée
Frissonnante, attendant les lèvres de l'amant.

2

O vous tous, surgissez des abris qui vous cachent!
O frères, accourez! les mains du jour attachent
Le glaive au flanc guerrier et la pensée au front.
Vos ennemis sont là, crispant leurs mains funèbres
Au pan qui traîne encor du manteau des ténèbres;
La nuit s'enfuit; mais eux, tous, ils y resteront!

La Morte vous attend, et la tombe tressaille ;
C'est autour d'elle, amis, que rôde la Bataille,
Spectre aux ailes de jais qui dégouttent de sang.
Son œil fauve vous fixe, et son cri vous appelle,
Au rendez-vous du glaive il faut être fidèle.
— Le glaive dans vos mains se dresse en frémissant !

VII

LE COMBAT

I

Clameurs, tressaillements immenses de la terre,
Sourds roulements lointains, messagers du tonnerre :
Tremblement de l'azur sous les rouges éclairs
Que l'épée, en luttant, projette dans les airs
Comme une roue en feu semant des étincelles !
Et puis, un peu plus loin, des bruissements d'ailes,
Et des chants dans les nids et des fleurs dans les prés,
Et des roucoulements au fond des bois sacrés !
Et des soupirs pâmés répondant aux cymbales,
Et des chansons d'amour qui chantent sous les balles !
Puis, au-dessus de tout, le soleil éternel
Toujours épanoui dans les plaines du ciel !

O mon vers ! iras-tu butiner l'épopée
Dans la moisson de morts que fait ici l'épée,
Et que la Mort pensive amasse en son chemin
Pour aller déposer dans l'immortel demain

Cette gerbe d'esprits qu'attend le grand Peut-être ?
Non ! des fleurs de la mort tu ne peux te repaître !
O bien-aimée, où sont les lèvres ? car je veux
Y cueillir en passant ton parfum amoureux !

Mais la combustion formidable s'apaise
Et déjà l'on peut voir s'éteindre la fournaise.
Les clameurs lentement s'éloignent. Les bois sourds
Retentissent de pas précipités et lourds.
Car la peur aux vaincus ne donne pas des ailes.
Sanglots, cris et fureurs. Parfois les étincelles
De deux glaives heurtés pétillent dans la nuit
Des profondes forêts, où le vaincu s'enfuit.
Râlez, mourants ! L'orgueil de vos vainqueurs vous broie.
Mourez tous ; car leur glaive est frémissant de joie ;
Et le calme soleil incline en souriant
Son auréole d'or au balcon d'Orient.

VIII

LA RÉSURRECTION

I

Si le soleil sourit, c'est que l'ombre est vaincue !
O poëte, à ton tour, ton rôle est arrivé ;
Prends ta lyre d'ivoire ; assieds-toi sur la nue ;
Apprends à l'univers que le monde est sauvé !

Les vents, en fredonnant, répètent les paroles ;
Leur souffle les renvoie à tous les horizons,
Et pour les recevoir, déployant leurs corolles,
Les paresseuses fleurs sortent des verts gazons.

Les oiseaux attentifs écoutent sous les branches ;
L'homme, en pleurant, bénit la victoire du jour,
Et, par charmants essaims, les Illusions blanches
S'envolent dans l'azur pour l'apprendre à l'amour !

2

Mais, regarde là-bas, quelle lueur soudaine,
Comme une explosion de poudrière en feu,
Surgit, en éclatant, sur la forêt prochaine
S'élève et se répand dans le firmament bleu !

Serait-ce le combat qui recommence encore ?
Ce long festin de mort n'a-t-il donc pas repu
Le glaive insatiable ? et la forêt sonore
Voit-elle encor le sang pleuvoir sur son pied nu ?

Non ! Le glaive s'endort, assouvi de pâture ;
Dans le linceul des morts le combat s'est couché.
Les rayons enfantins, sous la forêt obscure,
Lutinent avec l'ombre et le rameau penché.

3

Et, curieux de voir, je m'approche : l'Aurore,
Assise sous les plis d'azur de l'Orient,
Allaite de clartés le Jour qui, jeune encore,
Se suspend à son sein de rose en souriant.

Et toi, Forêt, ô vierge éternelle et pensive !
Penchant languissamment ton beau front vers les eaux,
Tu rêves de Zéphyr, dont l'aile fugitive
Caresse la poitrine et berce les roseaux.

Dans ta sérénité tu t'absorbes toi-même ;
Ta douce majesté, dans l'aurore qui luit,
Déroule, sous l'émail de ton vert diadème,
Tes cheveux, ruisselant des larmes de la nuit.

4

O Forêt, réponds-moi ; le long des aubépines
Et sous l'épais buisson du chemin, les oiseaux
Font vibrer les fraîcheurs de leurs voix cristallines ;
Et l'abeille bourdonne au milieu des sureaux.

Les liserets des bois avec les pâquerettes
Causent dans l'herbe haute ; et les papillons bleus
Au sein vert des gazons cherchent les violettes
Qui laissent délacer leurs corsets amoureux.

L'amour règne et sourit. La nature est en fête.
O Forêt, quel sentier me conduira là-bas ?
Dis à tes papillons de guider un poëte
Dans les détours ombreux que je ne connais pas.

5

Et la Forêt, la vierge éternelle et pensive,
Livrant ses beaux pieds nus aux doux baisers des eaux,
Regardait, sous les plis de l'onde fugitive,
Se bercer et chanter la flotte des roseaux.

Alors elle me dit : — « Tu vas vers les collines ?
» Des êtres, comme toi, sont passés ce matin.
» Ils ont ensanglanté mes épaules divines ;.
» Tous mes arbres pleuraient le long de leur chemin.

» Mais tu parais meilleur. Vois, posé sur cette herbe,
» Un papillon t'attend ; sois-lui plein de bonté.
» Pour moi, je reste ici : nonchalante et superbe.
» En rêvant l'Infini j'attends l'Éternité ! »

6

Mon guide alors partit docile à ma pensée :
Le vent jouait avec l'azur du firmament,
Qui, comme un voile blanc sur une fiancée,
Sur la terre à longs plis flottait négligemment.

C'était l'heure tranquille, où déjà le mystère
Ferme ses ailes d'or dans les cœurs enchantés :
Quand le rut du soleil a fécondé la terre
Tressaillante en ses flancs d'immenses voluptés.

Je gravis lentement la route désignée :
J'étais seul. De splendeurs revêtue et baignée,
Une étroite colline étend devant mes yeux
L'émail de son chemin qui joint l'azur des cieux.
Croyant entendre en haut comme des chants de fête.
Je montai. Quand je fus parvenu sur le faîte,
L'Espérance, aux yeux verts, à l'air chaste et vainqueur,
Me mit en souriant ses deux mains sur le cœur.

IX

I

Comme un lion fâché secouant sa crinière
Une tombe soudain a rejeté sa pierre ;
Et l'on vit en sortir deux êtres qui luttaient.
L'un était une femme, et l'autre un monstre énorme !
Les rayons du soleil sur son poitrail difforme
Éclairaient son écaille et s'en épouvantaient.

Et la femme aspirant la vertu de l'aurore,
Étrangle de sa main le monstre, qui dévore
Et ronge ses flancs nus : son sang en ruisselant
Féconde l'herbe verte et les fleurs empourprées ;
Mais le soleil, du haut des plaines éthérées,
Dans l'œil du monstre darde un rayon tout brûlant.

2

Celui-ci pousse un cri, s'enfuit, rugit et plonge !...
Puis la femme, debout, ainsi qu'un mauvais songe,
Écarte de ses doigts l'essaim des souvenirs.
Un lent frémissement de joie, un long murmure
Courut comme un frisson sur toute la nature :
Et, dans les lits des fleurs, réveilla les désirs.

Alors, un lent troupeau d'hommes, d'enfants, de femmes
Gravissait la colline ; et j'écoutais leurs âmes
Éclater dans un chant, largement répété.
La femme leur sourit. — Dès qu'il fut à la cime,
Je m'écriai, mêlant ma voix au chœur sublime :
« — Liberté ! Liberté ! Salut, ô Liberté ! »

22 septembre 1864.

VI

AU BORD D'UNE FENÊTRE

A M. A. MASSOL.

I

Ah ! de tous les tourments le plus dur est l'attente.
Un jour je l'attendais. — L'heure, attristée et lente,
Piétinait lourdement sur mon cœur écrasé.
Elle ne venait pas. — Le ciel gris et rosé
Ployait vers l'Orient l'azur long de ses voiles;
Dans l'Occident, déjà, pétillaient les étoiles
Dont les yeux d'or, à peine entr'ouverts au réveil,
Clignaient dans les rayons posthumes du soleil.

Le firmament, cendré de lueurs incertaines,
Se plissait, en pleurant, sous les vagues haleines
Que les vents épanchaient de l'horizon des nuits.
L'air sonore et profond bourdonnait ; et des bruits

Ondoyants et confus, chœur invisible et sombre,
Rasaient en murmurant la terre épaisse, où l'ombre
Déroulait pesamment sa robe de velours.
Comme un voyageur las, à pas graves et lourds.
La lune, remontant sa carrière éternelle,
Gravissait l'orbe noir des cieux ; et sa prunelle,
Toute rouge et brumeuse, ébauchait vaguement
Une lueur confuse au front du firmament.

Sans lumière et rêveur, j'attendais. Ma pensée,
Dans son profond ennui tristement enfoncée,
Écoutait tout mon cœur se gonfler et pleurer.
La fenêtre, tournée au nord, laissant entrer
Le souffle tiède et doux du vent crépusculaire.
S'entr'ouvrait en rêvant à l'étoile polaire
Dont le jeune rayon, incertain et tremblant,
Sur mon plancher obscur essayait son pied blanc.

Montant, montant toujours, la lune, fière et molle,
N'avait pas, sous l'argent de sa pâle auréole,
Moiré le ciel sonore et l'azur infini.
Pourtant, l'air de la nuit, plus doux et moins bruni,
Annonçait sa venue aux astres, dont la ronde
Faisait tourbillonner l'immensité profonde.
Un coup d'aile du vent, en entrant brusquement,
Réveilla mon esprit de l'engourdissement,
Et j'allai, triste et lourd, respirer à pleine âme
Le parfum de la nuit puissant comme un dictame ;
Et mes yeux nonchalants s'enivraient des clartés
Que les astres versaient de leurs yeux argentés.

Mais, au-dessous de moi, les rumeurs de la rue
Tourbillonnaient, montaient ; et, houlant lentement,
Se berçaient et fuyaient en peuplant l'étendue
Des longues pâmoisons de leur gémissement.
Je baissai les regards ; dans les brouillards nocturnes
Que crevaient, par instant, des lueurs taciturnes,
Je voyais tournoyer des fantômes vivants.
Comme un oiseau vorace, à l'entour de sa proie,
Ils allaient et venaient ; et les soupirs des vents
Roulaient des cris de fête et des rires de joie ;
Ces gaîtés de la chair, où l'âme n'était pas,
Dans mon esprit navré pénétraient comme un glaive,
Et je croyais gravir les vertiges du rêve
A travers les chœurs sourds et tonnants des sabbats.
Or ces spectres étaient de misérables femmes
Dont les lèvres quêtaient des baisers et du pain,
Et j'entendais hurler leurs longs troupeaux infâmes
Sous le fouet de l'amour et le fouet de la faim !

Je sentis s'allonger du bord de la fenêtre
Les bras de la terreur qui serraient tout mon être,
Et murmurer au fond de mon cœur tout transi
Une secrète voix qui leur parlait ainsi.

II

Effeuillés et flétris par la honte éternelle,
Vos cœurs ne peuvent plus renaître et refleurir ;
Et, si quelque désir y vient battre de l'aile,
Votre air est trop impur pour le pouvoir nourrir.

Et, comme ces buissons qu'a brûlés la gelée,
Vous ne porterez plus de nids dans vos rameaux.
Et vous n'entendrez plus l'aube vive et mouillée
Chantant et grelottant, rire avec les oiseaux.

Quand l'été fleurira, sous vos arides branches,
Les blancs amours, pareils à des marbres sculptés,
Ne viendront plus pour voir, sous leurs tuniques blanches,
Sourire et s'enlacer le chœur des voluptés.

Du soleil matinal les yeux vermeils et roses
Ne perceront jamais l'ombre de vos ennuis ;
Et, tordant leurs manteaux, les impassibles nuits
Versent sur vous sans fin leurs ténèbres moroses.

Vos pieds sont dans la fange ; et vos fronts dépouillés
Rêvent sinistrement dans l'invincible brume ;
Et les dégoûts, vieillards rêveurs et désolés,
Éteignent tous les feux que l'espérance allume.

Comme un morne troupeau de moines, qu'engloutit
Le mystère béant des corridors gothiques,
Les implacables jours, vieux enfants rachitiques,
Foulent de leurs pas lourds le sol qui retentit.

Ils se ressemblent tous. — Tous, sur leurs fronts stériles,
Portent également le bandeau des douleurs ;
Ils vont baissant les yeux, et, de leurs mains fébriles,
Effeuillant lentement quelques tiges de fleurs.

O jours ! vos pieds d'airain ont broyé bien des âmes :
Vos larges seins de fer n'ont point de cœurs humains ;
Sans distinguer jamais les bons et les infâmes,
En nous écrasant tous, vous suivez vos chemins.

Malheur au maladroit qui glisse dans la vie !
Votre troupeau pesant passera sur son corps ;
La tâche inexorable, où le temps vous convie,
Ne connaît ni pitié, ni haine, ni remords.

Autrefois, ô vieillards, vous avez vu ces filles
Voltiger en jouant dans les bleuets des blés,
Ou près d'une fenêtre, en tirant leurs aiguilles,
Dans la paix du travail bercer leurs cœurs troublés.

Et plus d'une, autrefois, dès la nuit amoureuse
Ouvrant, d'un doigt furtif, sa porte à son amant,
S'abreuva de son rêve, et s'endormit heureuse,
Et se réveilla seule et pleura longuement.

III

Eh bien ! Société, qui nous étreins sans trêves,
Ne comprendras-tu pas tout ce que nous souffrons,
Et faut-il que toujours nos bonheurs et nos rêves
Sur tes genoux de pierre aillent briser leurs fronts ?

O marâtre ! faut-il, comme aux siècles gothiques,
Sur nos têtes de serfs portant les lourdes lois,
Marcher, et sous les fouets ployant nos reins étiques,
Tomber en imitant le martyr de la croix ?

Du fond de son passé que ton Dieu nous contemple !
Nos fortes volontés ne le salûront plus,
Et n'iront plus, en chœur, sur les pavés du temple,
Chanter et regretter les vieux temps révolus !

Que l'éternel désert, adorant ses blessures,
Étende sous ses yeux ses tapis glacés d'or ;
Que, sortant à demi des mornes sépultures,
Les siècles étonnés le contemplent encor ;

Que la Mort, qu'il aimait autant que Madeleine,
Huile de ses parfums ses membres épuisés ;
Et que la douleur sainte, assise sous la laine,
Lave ses pieds sanglants dans ses pâles baisers ;

Je le comprends ! — Ce Dieu des âmes maladives
Qui, mourant lentement du mal qu'il nous donna,
Expérimente enfin les justices tardives,
A le droit d'exiger un dernier hosanna.

Vous donc qui l'adorez, pleurez ! — Mais nous qui sommes
La révolte éternelle et l'éternel désir,
Sans pitié pour les Dieux nous pleurons sur les hommes :
Entre nous et les Dieux il a fallu choisir !

IV

Habite, Adonaï, l'azur mélancolique :
Sans croire que le temps vienne où tu renaîtras.
Énervé de douleurs, le spectre évangélique
Ne peut plus ressaisir le monde entre ses bras.

Oui ! mon âme équitable admire ton supplice,
Mais elle se refuse aux chaînes de ta loi ;
Jamais, en ton sentier, je n'ai vu la Justice
Te parler à l'oreille et marcher avec toi.

Ton dogme n'a rien fait pour le salut du monde :
Dressant devant nos yeux la pâle éternité,
Il poussait au néant notre race inféconde,
Et ne comprenait rien, l'amour ni la beauté.

O doux Nazaréen, pleure sur ton Calvaire
Où l'orage éternel déchire ton linceul.
L'auréole s'éteint à ta tempe sévère ;
— Et les peuples lointains te laissent pleurer seul !

Eh bien ! sais-tu pourquoi ces filles exécrées
En frappant mon esprit l'ont reporté vers toi ?
Ah ! c'est que leur jeunesse à tes lèvres sacrées
A bu naïvement ta morale et ta foi.

L'Esprit voulait dompter la chair humiliée ;
La chair s'est révoltée, et la chair l'a vaincu.
Mais, au fond de leur cœur, ta parole oubliée
A la pudeur éteinte a pourtant survécu.

O Dieux ! soyez contents, car la lèpre mystique
Ne s'arrachera plus de leurs seins desséchés ;
Et, devant vos autels, la Débauche ascétique
Vient faire pénitence et pleurer ses péchés !

Ah ! quand donc reviendront les beaux temps de l'Hellade,
Où le héros, drapé de sa virilité,
Intact, et vierge encor de ton souffle malade,
Vivait profondément dans sa sérénité ?

L'air ne propageait pas ces fétides haleines
Qui pénètrent en nous et nous ont énervés ;
Car la saine beauté, qu'adoraient les Hellènes,
Des Dieux laids et souffrants les avait préservés !

V

L'Hétaïre comprenait la gloire d'être belle.
Elle entourait de fleurs les autels de Kypris,
Et le platane ombreux regardait autour d'elle
S'entrelacer les jeux, les plaisirs et les ris.

D'un rayon de soleil sa gorge était vêtue :
Le marbre blanc vivait dans ses membres sculptés.
Et, fière d'être femme, ainsi qu'une statue
Elle allait, droite et ferme, à travers les cités !

Car des Dieux mécontents, du haut de leur torture,
Ne prêchant pas encor que tout est vanité ;
L'Hétaïre librement vivait dans la Nature,
Et toutes ses vertus étaient dans sa beauté.

Erôs, le blond enfant, voltigeait autour d'elles ;
De leur souple ceinture il agaçait les plis,
Et, sous ses doigts, avec des frissonnements d'ailes,
Leurs cheveux écroulés couvraient leurs reins polis.

Heureux le Képhissos ! sur ses miroirs liquides
Il a vu bien souvent rêver leurs fronts sacrés ;
Et ses flots, en jouant, ont dans leurs bras humides
Bercé languissamment bien des flancs adorés.

Qui me transportera sous le ciel de l'Attique
Où les rêves de marbre étaient des vérités ?
Où, dans l'horizon bleu de la légende antique,
Les labeurs des héros fondaient les libertés !

Tout était fort et beau dans ces siècles énormes ;
Le poëte, pasteur du grand bétail humain,
Conduisait en chantant le chœur divin des formes
Dont les pieds cadencés fleurissaient son chemin.

Ah ! ne me parle pas de ta vie éternelle ;
Je repousse, ô Jésus, ton immortalité,
Puisqu'il ne se peut pas que je retrouve en elle
Le son et la couleur, la forme et la beauté !

Laisse-moi, m'échappant à la mobile vie,
Méditer à l'écart dans un repos altier ;
Car, la mort détruisant la forme évanouie,
Je veux garder l'espoir de mourir tout entier.

VI

Ainsi que la laideur convient bien aux infâmes
La beauté des contours convient bien aux héros ;
Et parmi nous souvent j'ai trouvé bien des âmes
Qui ne vaudront jamais le marbre de Paros.

Mais ces corps admirés, dont les grâces superbes
Ont chanté sous mes yeux leur poëme idéal,
Ainsi que nos laideurs pourriront sous les herbes,
Et se transformeront dans le creuset fatal.

Ne pleures-tu jamais, sage de Galilée,
Rêveur charmant, vêtu d'un brouillard triste et bleu,
Ces doux instants où l'homme, en quelque ombre isolée,
Auprès de Madeleine oubliait d'être Dieu !

Et tu voudrais que l'âme, atome de lumière,
Stérile abstraction sans élément réel,
Comme un cocon usé dépouillant la matière
Allât papillonner dans les jardins du ciel ?

Chacun de nous n'est rien dans le courant de l'Être,
Qu'un flot inconscient qui fuit incessamment,
Se brise, et se reforme, et sans se reconnaître,
Dans le cercle éternel roule confusément.

O femme, que j'aimai dans tes grâces fleuries,
La sainte attraction qui nous séparera,
Reprenant de ses mains nos poussières pétries
Dans un être nouveau les recomposera.

Et, vivant deux en un, sur l'océan des choses
Nous nous déroulerons dans des corps plus parfaits :
Le voyage infini de nos métamorphoses
Ne peut se ralentir ni s'arrêter jamais !

VII

Mais vous que nul n'aima, vous qui n'aimiez personne,
Fruits gâtés, que la vie a laissés tomber verts,
Et que dans ses chemins le destin abandonne
Aux orages glacés des éternels hivers ;

Les germes inféconds de vos viles poussières
Sous les soleils futurs ne reverdiront plus ;
Perdus dans le chaos des confuses matières
Ils recommenceront leurs labeurs révolus.

Si seulement un jour, celui qui purifie,
L'amour, eût fécondé vos cœurs, on entendrait
Vos désirs radieux s'ébattre dans la vie,
Comme un essaim d'oiseaux à travers la forêt.

Ah ! je ne vous hais pas ! je ne puis vous maudire.
Quand les pharisiens osent vous insulter,
Vers mes lèvres, que crispe un pénible sourire,
Je sens du fond du cœur tout mon mépris monter.

O Jésus ! dans ton livre une page sereine
Te fera pardonner bien des torts expiés.
— En repoussant le Dieu, nous gardons Madeleine
Dont les cheveux sacrés ont parfumé tes pieds.

Viens donc, et sois bénie, ô douce pécheresse !
Parce qu'en toi l'amour a connu la beauté
Et parce qu'en dépit de la fausse sagesse
Ton sein fier et puissant conçut la liberté.

Viens donc, laisse les Dieux en proie aux destinées ;
Dis-leur : — « Fils du passé ! les hommes ont vaincu !
› Le temps a, contre vous, rassemblé les années;
› Les autels sont détruits et les Dieux ont vécu !

» Toi qui, par ta souffrance avais conquis les âmes,
» Dont la soif a tari les flots du sang chrétien,
» Christ ! roi de la douleur ! regarde un peu ces femmes
» Et dis si leur martyre est moins grand que le tien ! »

VIII

Et comme je songeais tristement à ces choses,
Qu'il est bien difficile, hélas ! pour tant de causes
De goûter son désir tel qu'on l'avait rêvé,
Et que notre bonheur n'est jamais achevé,
La porte s'entr'ouvrit ; et la femme que j'aime
Apparut ; et son front avait pour diadème
Le baiser de la lune, un baiser argenté
Qui, comme un diamant, sertissait sa beauté.
Alors j'oubliai tout, et me perdant en elle,
Je sentis vaguement du fond de sa prunelle
Glisser pour m'enlacer de longs filets de miel,
Qui m'enlevaient de terre et m'emportaient au ciel ;
Au ciel bleu de l'amour, où, sur le rhythme antique,
Le chœur des voluptés entonne le cantique
Dont Kypris autrefois parfumait son autel,
Et qui serait bien vieux s'il n'était immortel !

LIVRE DEUXIÈME

LES LUTTES

A VICTOR HUGO

Nous donc, fils de ce siècle aux vastes entreprises,
Nous qu'emplit le frisson des formidables brises,
Et dont l'ouragan sombre agite les cheveux,
Poussés vers l'idéal par nos maux, par nos vœux.
Nous désirons qu'on ait présent à la mémoire
Que nos pères étaient des conquérants de gloire.....
... Qu'ils étaient les soldats qui n'ont pas déserté,
Les hôtes rugissants de l'autre liberté,
Les titans, les lutteurs aux gigantesques tailles !
Les fauves promeneurs, rôdant dans les batailles !

(VICTOR HUGO. — *La légende des siècles.*)

I

A VICTOR HUGO

O poëte, salut ! le siècle est plein de toi :
Ton génie a vaincu l'indifférence humaine.
Le front haut, le pied sûr, et le cœur sans effroi.
Il entre dans la gloire ainsi qu'en son domaine.

Ta poésie, ouvrant ses deux ailes d'airain,
A pris pour piédestal les foudres des orages,
Et fixe son regard lumineux et serein
Sur la houle confuse et lointaine des âges.

Elle voit tous leurs flots s'enfler et moutonner ;
Et, cabrant son front vert qui tourbillonne et fume,
Chacun, pour t'applaudir et pour te couronner,
Semble tendre vers toi ses guirlandes d'écume.

Que n'ai-je une couronne à te donner comme eux ?
— Mais ma muse, humble et fière, est la vierge pudique
Qui dans un réseau d'or enferme ses cheveux
Et jusqu'à ses pieds blonds déroule sa tunique.

Aucun regard encor n'effleura son sein nu ;
Jamais les passions n'ont dérangé ses voiles ;
D'un amour patient elle aime l'inconnu ;
Les langueurs de ses yeux ne rêvent qu'aux étoiles.

Ah ! si l'on lui laissait l'ombre verte des bois,
Elle irait y cueillir des bleuets et des roses ;
Et, comme un souvenir, reviendrait quelquefois
Disposer à ton seuil leurs guirlandes écloses.

Le 23 mai 1865.

II

L'ESPRIT

. . . .

A LOUIS BROWNE

I

Debout sur la montagne, au sein des vastes villes,
Le poëte pensif contemplait la cité.
Il songeait ; et son cœur maudissait irrité
Et les hommes impurs et leurs passions viles.

Son esprit s'enivrait de l'extase du beau :
Il souriait de loin aux aubes primitives
Allaitant, sous l'azur, aux chants des mers plaintives,
La jeune humanité qui vagit au berceau.

Les rais du jour levant formaient son auréole :
Ainsi qu'une tunique autour de lui flottaient
Ces lueurs d'avenir que les vents agitaient,
Et dans l'aube vibrait l'éclair de sa parole.

Comme une femme au jour de son enfantement.
La terre tressaillait d'une attente profonde :
Et l'on voyait déjà le nouveau roi du monde
Emplir de ses pensers l'orbe du firmament.

Ce nouveau roi; c'est l'homme ! — Il est temps qu'il se lève.
Et rejette au néant les langes du passé :
De tant d'illusions l'univers est lassé,
Et l'ESPRIT éternel a terminé son rêve.

Le poëte sait tout, car il sait espérer :
Confident de l'idée, il attend l'heure sainte :
Les villes, cependant, en leur étroite enceinte
Étouffent l'avenir qu'on'y peut respirer.

Et le poëte, alors, se dresse sur les villes !
Il se lève ; l'essaim des malédictions
Active, en bourdonnant, le flanc des nations,
Et hâte vers le but tous ces troupeaux serviles.

Donc, voici ce qu'il dit : — Car, un de ces matins,
A l'heure où l'aube vêt sa robe purpurine,
J'entendis éclater la rime sibylline
Que tous les vents semaient aux horizons lointains.

II

Voici ce qu'il dit : — « J'ai sondé la destinée
» Et j'ai vu l'avenir bâtir en souriant
» La nouvelle cité de l'homme, illuminée
» Par les feux du couchant et ceux de l'Orient.

J'ai vu des cieux, leur tête étant enfin lassée,
S'effondrer en criant dans le vide néant ;
Et l'infini, soudain, ouvrir à la pensée
L'azur immaculé de son gouffre béant.

J'ai vu l'*Esprit* nouveau, planant dans la lumière,
Faire des idéaux un idéal commun,
Ainsi que dans les champs, à l'aube printanière,
Tous les parfums des fleurs composent un parfum.

J'ai vu la Liberté, femme aux formes sereines,
Rejeter à la nuit le vieil homme attristé,
Et, sublime sculpteur, de ses mains souveraines
Tailler dans le granit la jeune humanité !

Mon âme, fraîche, sœur de l'idée éternelle,
A suspendant sa lèvre à son sein adoré,
Du lait de l'espérance épuisé sa mamelle,
Et raillait la douleur, n'ayant jamais pleuré.

Hélas ! j'ai tant rêvé sur ton sein, ô nature !
Qu'en regardant en bas je ne sais où je suis :
Croyant l'homme meilleur et la femme plus pure,
Les spectacles réels m'ont abreuvé d'ennuis !

Aussi, je veux enfin, du sommet de l'idée,
Lâcher, comme un torrent, ma haine et mon mépris.
Roulez, torrents, roulez. — La terre est fécondée
Quelquefois, par ces flots qui traînent des débris.

— D'abord, je vous le dis : vous êtes des fantômes.
Le monde où vous vivez est un tombeau profond ;
C'est là que vous grouillez, multitude d'atomes,
Sans lumière, sans air et sans chaleur au fond.

4

» Et toi, société, protectrice des lâches,
» O toi qui nous étreins sans nous laisser jamais,
» C'est toi que je combats : car je veux que tu saches
» Combien je te méprise et combien je te hais !

III

» Si j'abaisse les yeux sur ce monde où vous êtes,
» Que vois-je ? des tyrans au milieu des tempêtes,
» Comme un fardeau jeter aux flots la liberté,
» Et, du haut de leur trône, à qui sourit l'abîme,
» Verser sur vos foyers l'obscurité du crime,
» Et, dans de vils lacets, saisir la vérité.

» Ah ! comme l'on oublie ! ah ! que l'homme est frivole !
» Qui disparait plus vite, ou la sainte parole
» Ou le moindre fétu de paille dans les champs ?
» Plus vite qu'un miroir l'âme est-elle ternie ?
» Qui vaut le mieux, la mort ou bien la calomnie,
        » Pour servir les méchants ? »

Que leur faut-il ? Ils ont et la base et la cime.
Pour serviteur fidèle ils ont toujours le crime,
        Pour refuge, la lâcheté ;
L'ombre bonne les sert. La nuit est leur commère.
On peut ainsi, sans gêne, égorger notre mère,
        Notre mère, la liberté !

Et pourquoi se gêner, puisqu'on a la puissance ?
Ayant la honte, ayons au moins la jouissance :
        Ayons bien tout ce qu'il nous faut ;

De l'argent — pour payer les vices et les zèles;
Pour le peuple — du fer; du plaisir — pour les belles,
  Et — pour les autres ! — l'échafaud !

On a tout ce qu'on veut : on n'est pas roi pour rire.
En broyant sous tes pieds la Pologne martyre,
  O bon czar, tu ris et tu bois !
Comme sur un coussin, couché sur ta maîtresse,
Mêlant le sang au vin dans ta coupe d'ivresse,
  Tu portes la santé des rois !

Amusez-vous, ô rois ! chantez l'heure sereine,
Sans entendre monter, dans la marée humaine,
  Les flots des révolutions.
Mais que sont devenus vos sceptres et vos glaives ?
Ah ! ne les leur rends plus, océan qui t'élèves,
  Vaste océan des nations.

Rois ! ne regardez plus vers les cieux : le tonnerre
N'habite plus la nue; il habite la terre !
  Ah ! si vous voulez l'écouter,
Rois, regardez en bas ! — Le peuple vous épie,
La foudre est en lui ! — Quand elle semble assoupie,
  C'est qu'elle est bien près d'éclater !

     IV

« Et vous ! que cherchez-vous, fils des jeunes aurores ?
» L'aube vient réveiller, sous ses baisers sonores,
› Les esprits allaités des rêves de la nuit.

» Les rayons nouveau-nés se bercent sur les cimes;
» Un soupir fatigué sort du cœur des abimes;
» Et lassé, le ciel lourd se retourne et gémit.

- Mais l'homme souverain le rappelle à sa tâche;
» Sa forte volonté le fouette sans relâche :
» Courroucé, l'Infini se relève en sursaut.
» L'Éternité, sa sœur, comme un aigle en son aire,
» Se dresse, bat de l'aile, et cherche son tonnerre;
» Puis elle invoque Dieu : — mais tout se tait là-haut !

» Mais, là-haut, tout se tait : ici-bas, tout est joie.
» La rose qui soupire et l'herbe qui poudroie
» Font plus de bruit encor que le néant des Dieux.
» Des fils de l'araignée on leur fit une toile :
» On choisit pour leur tombe une petite étoile,
» Et l'homme l'a jetée au fond épais des cieux.

» L'azur foncé des nuits quelquefois la voit luire :
» Quand le ciel est serein et qu'on n'entend bruire
» Que les cris du grillon sur le bord du chemin,
» Et le zéphir lointain qui, passant sur les vagues,
» Réveille, en murmurant, ces bourdonnements vagues
» Que la mer et la nuit jettent au genre humain !

» Si vous cherchez des Dieux, rebroussez votre route !
» Il vaudrait mieux pour vous, ô pèlerins du doute,
- Cueillir, dans les buissons, les oiseaux dans leur nid.
» Ce petit point de feu, qui perce l'éther sombre,
» N'est pas l'aube d'un Dieu qui nait dans l'infini;
» C'est le reflet des Dieux qui s'éteignent dans l'ombre.

» Ne vous égarez point aux pays incertains
» Où s'endort l'absolu sur son trône de brumes;
» Là, ne luisent jamais les yeux blonds des matins;
» Les flots noirs d'une mer, blanchissante d'écumes,
» Râlent sinistrement, dans les livides nuits,
» Leurs sanglots de douleurs et leurs hoquets d'ennuis.

» Tu n'en reviendras pas, quelque effort que tu fasses !
» Ta barque a beau porter une lampe à son front :
» La nuit et l'océan rideront, sur leurs faces,
» Leurs ombres et leurs flots qui te dévoreront ;
» Et ta lampe, tremblant sur ton bateau qui tombe,
» S'éteindra comme un feu follet sur une tombe.

» Oui ! les rois et les dieux désormais sont passés !
» Allons ! relevez-vous, peuples ! C'en est assez !
» Savants, veillez partout comme des sentinelles :
» Avant-garde, explorez les champs de l'avenir.
» O poètes, planez, vous qui portez des ailes,
» Et dites, dites-nous qui l'on entend venir !

V

» Car je l'entends venir : écoutez, et silence !
» Il éveille en courant l'univers éclairci,
» Et l'air siffle après lui. — Le passé, qui s'élance,
» Ne peut le retenir : — le voici ! le voici !

» Comme d'une tunique, il est vêtu de gloire :
» Tout caparaçonné d'une étrange clarté,
» Son cheval, frémissant, fait trembler l'ombre noire
» Quand il hennit d'amour après la liberté !

» Son poitrail est baigné d'une aurore éternelle
» Dont le reflet ondoie à son flanc qui reluit ;
» Secoués par le vent, qui les frappe à coups d'aile,
» Des lambeaux de rayons palpitent dans la nuit..

» Voyez ! le jour se fait, radieux, dès qu'il passe :
» Il n'a qu'à se montrer, l'injustice périt.
» Sa clarté dilatée illumine l'espace :
» Il est le grand vainqueur, et son nom est : l'ESPRIT ! »

Paris, 16 juillet 1864.

III

LA LIBERTÉ

. . .

A EDMOND LEPELLETIER

Soyez maudits ! vénaux, vils trafiquants de vers,
Vous qui glorifiez les exploits des pervers ;
Et, cyniques, bravant la conscience humaine,
Suivez les poings liés l'intérêt qui vous mène ;
Sophistes des forfaits, tourmenteurs des bons droits,
Sicaires plumitifs des prêtres et des rois;
Soyez maudits !
        Qu'un jour par vos vers insultées,
Les nations, levant leurs mains ensanglantées,
Vous écrasent, bouffons qui raillez leurs douleurs,
Parodiez leur plainte, et riez de leurs pleurs;
Oui ! que la liberté, terrible de clémence,
Étouffe tous ces nains contre son sein immense,
Et, sur les vieux débris de nos iniquités,
Arbore son flambeau, foudroyant de clartés !
Assise sous les plis du signe égalitaire,
Son tribunal sacré convoquera la terre;

Tous les peuples, poussés d'un souffle inspirateur.
Comme un troupeau, fidèle à la voix du pasteur,
Accourront, et chacun, racontant sa souffrance,
Verra naître et fleurir les fruits de l'espérance.
Certes, ce sera beau : l'immense humanité
Debout, applaudissant ton verbe, ô liberté :
Et, le front tout baigné de rayons de lumière,
Relevant vers le ciel sa tête plus altière;
Et, la narine ouverte, et les yeux embrasés,
D'un pied, obscur encor, pilant ses fers brisés !

IV

A MADEMOISELLE LYDIE WILSON [1]

FANTAISIE PANTHÉISTE

Êtes-vous quelquefois descendue au jardin
Lorsque la nuit pâlit aux regards du matin,
Et que, sous les rayons de l'aube qui l'arrose,
L'azur est nuancé des teintes de la rose.
Se réveillant enfin aux caresses du jour,
La nature sourit, heureuse à son retour,
Et le zéphyr, dont l'aile impalpable se dore,
Agite le feuillage, éventail de l'aurore.
C'est l'heure où les esprits des plantes et des fleurs
Rentrent dans leurs palais brillant de cent couleurs,
L'heure où la sombre nuit dans ses voiles entraîne
Les fantômes confus que la lune ramène
Et qui, bons ou mauvais, tendres ou malfaisants,
Apportent le chagrin ou la joie aux enfants.

1. Paru dans la *Revue du Progrès* (avril 1863).

Car, partout, près de nous, et dans toutes ces choses,
Dans les jaunes soucis et dans les blanches roses,
Vivent, ainsi que nous, d'innombrables esprits
Que l'homme ignore encor, dont il est incompris.
Ce sont partout les fils de Dieu : ce sont nos frères,
Et, quoique notre vie et nos goûts soient contraires,
Dans l'immense nature, où tout est à son lieu,
Nous vivons tous unis au sein vaste de Dieu.
Chacun est un degré de l'innombrable échelle
Qui, toujours monte et plonge en la vie éternelle ;
Mais l'âme de ce Dieu, dont chaque être est créé,
Aussi bien qu'au plus haut est au plus bas degré !

En vous, débile enfant, la nature infinie
Voit un divin anneau de sa vaste harmonie.
Comme de notre corps le moindre mouvement
Imprime à l'air immense un vaste ébranlement
Qui va, répercuté dans ses couches profondes,
Aux cieux les plus lointains créer de nouveaux mondes.
De même votre faute, ébranlant les esprits,
Grossie à chaque écho dans l'univers surpris,
Va, d'un choc électrique, aux deux bouts de l'échelle
Faire courir le mal qu'elle porte avec elle.
Jeune fille, voyez, et songez et pleurez
Devant le mal sans fin dont vous nous troublerez

La terre tient au ciel, et le ciel à la terre,
Et chaque être vivant de tous est solidaire :
Tous ces êtres fondus dans la divinité
Ne forment en son sein qu'une fraternité ;

Le temps immesurable et l'innombrable espace
Contiennent chacun d'eux à son heure, à sa place :
La mort, inépuisable en changements divers,
Renouvelle toujours l'immortel univers.

Songez donc, jeune fille, aimez bien la nature,
Et voyez une sœur dans chaque créature.
D'infiniment petits pour nos yeux sont perdus ;
Mais de plus grands que vous vous restent inconnus,
Ayant au-dessus d'eux de plus puissants qui règnent :
Ainsi donc, pour ne pas que ceux-là vous dédaignent,
Ne méprisez jamais ceux qui vivent sous vous :
Soyez bonne pour eux, et douce : — aimez-les tous,
Tous, l'insecte et la fleur, tous, l'animal et l'homme,
L'être le plus puissant et le plus mince atome,
Et soyez, les aidant de soins et de conseils,
Mère pour les petits et sœur pour vos pareils !

Étudiez-les tous, car chaque créature
Est une voix du cœur qu'on nomme *la nature !*

Voulez-vous un exemple? Alors que, le matin,
Fraîche, vous aspirez les fraîcheurs du jardin,
Souvent vous avez vu le bouton d'une rose
Que l'aube, en se levant, trouvait à peine éclose :
Caressé d'un rayon, son frêle corset vert,
Pour humer sa chaleur, un peu s'est entr'ouvert ;
Sa robe, que nuance un rose teint d'orange,
Laisse à peine entrevoir les rebords de sa frange.
Mais le soleil se lève ; et ses feux bienfaisants
Font craquer du corset les feuillets complaisants.

Observez-la ; voyez que, lorsque midi sonne,
Elle a déjà rompu tout nœud qui l'emprisonne :
Elle sort et s'entr'ouvre ; et, souriant au jour,
S'épanouit, s'étale et fleurit à son tour.

Eh bien ! réfléchissez ; cette rose est l'image
Du talent poétique en bouton à votre âge :
Ce bouton va mûrir aux rayons opportuns :
Puis il deviendra fleur, je pressens ses parfums.
Mais comme il faut des soins pour cultiver la rose,
Il faut bien du travail pour qu'un talent éclose.
Travaillez sans relâche, et ne vous lassez pas :
Les labeurs sont ici, mais la gloire est là-bas.
Chassez de votre esprit la terreur et le doute :
Mettez-vous hardiment et bravement en route,
Et, sans vous effrayer des rigueurs du début,
Levez haut votre front et marchez droit au but.

Le torrent poétique est dans votre poitrine :
Quand l'art la frappera de sa verge divine,
Il va jaillir : — Ainsi, l'ordre de l'Éternel
Fit d'un rocher jaillir des flots pour Israël.
Mais il faut lentement, dans votre âme profonde,
Amasser, épurer et préparer cette onde,
Afin qu'elle soit prête à couler quand, demain,
La Muse, ardente et fière, ouvrira votre sein.

Jeune fille, au revoir. D'un œil sûr et tranquille
Contemplez l'avenir, mer lugubre et mobile.
Ne vous effrayez point de son obscurité :
S'il se tord sous les coups de l'orage irrité,

Si, sous le vent qui gronde et la foudre qui roule,
Son flot hurle et gémit, et se cabre et s'écroule,
Soyez calme, soyez fière : et sur votre front
Ses foudres furieux vainement passeront.
La gloire éclaircira leur horreur ténébreuse.

Courage, heureuse enfant; — en effet, bien heureuse !
Car, vous environnant de ses soins les plus doux,
Pour vous purifier et pour veiller sur vous,
Et pour vous tempérer la lutte trop amère,
Vous trouvez près de vous les conseils d'une mère.
Écoutez-la : sa voix, que la muse applaudit,
Veille bien mieux que tous sur l'enfant qui grandit,
Et son front lumineux, enceint d'une auréole,
Vous guide vers la gloire autant que sa parole.

Octobre 1863.

V

A ANTONI DESCHAMPS

Gémissante, éplorée au cœur de Lamartine,
Et tendre, l'Élégie, en chants harmonieux,
S'écoulait de son âme : et les pleurs de vos yeux
Répondaient aux accents de sa voix cristalline.

Mais, soudain éperdue et frappant sa poitrine,
Et trempant dans l'acier son vers plus furieux,
Elle surgit, tordant ses bras contre les cieux,
Bien plus vivante, étant de plus mâle origine.

Et c'était votre muse : alors, heureux et fier,
Dante, entendant les cris de vos douleurs sublimes,
Crut que vous traduisiez encor ses tierces rimes ;

Et que, ressuscité, poëte de l'enfer,
Dans vos rhythmes d'airain, son lugubre génie,
Apre, faisait hurler les pleurs de l'Élégie.

VI

LES VOLCANS

A PAUL VERLAINE

Ah! l'on vit quelquefois, dans les siècles passés,
Effroyables, surgir de grands fronts courroucés,
Que l'indignation, muse terrible et fière,
Faisait, en les heurtant, déborder de colère...
O foudres, qui grondiez dans leurs flancs irrités,
Feux de soufre bouillant, dont les jets indomptés
Dans des explosions sinistres, formidables,
Au milieu des forfaits surprenaient les coupables;
Et, les pétrifiant dans l'immortalité,
Léguaient leur châtiment à la postérité:
Foudres et feux bouillants, laves des grandes âmes,
Éclatez de nouveau contre tous ces infâmes,
Qui, tranquilles et fiers de leur impunité,
Étalent leur audace et leur iniquité.
Ah! nous vous entendons! vos clameurs souterraines
Grondent, grondent toujours, de moins en moins lointaines;
Nous entendons hurler et rugir vos courroux;
Mais, ô laves! comment, quand éclaterez-vous?
Et quelle âme allez-vous élire pour cratère?

— Jeunes! quand viendrez-vous pour rajeunir la terre?

VII

ASPIRATION INDÉFINIE

A ÉMILE VACHERIE

> Le véritable ciel est en toi : il est dans les yeux
> quand ils sourient; il est dans ton nom quand
> c'est toi qui le prononces. Sur ta tête, il n'y a que
> la nuée qui se penche; il n'y a que l'abîme qui
> ouvre sa paupière bleuâtre pour te voir; il n'y a
> que l'éternel vide qui t'écoute pour répéter à
> jamais le mot qu'il aura entendu de ta bouche. Tu
> es toute chose, et tout ce qui n'est pas toi, n'est
> rien... Si tu cesses de m'aimer voilà la mort,
> dès cette heure; jusque-là, dans un de tes re-
> gards, il y aura toujours pour moi une éternité
> de vie... Hier, sans toi, c'était la mort, aujour-
> d'hui c'est la vie. Dans un souffle de ton sein
> respirent des siècles de siècles ; dans une larme
> de tes yeux, dans un soupir de tes lèvres, dans un
> mot à moitié achevé, dans la trace de tes pieds
> que la brise a effacée, voilà toute l'immortalité...
> Le paradis, c'est toi; c'est le chemin où tu as
> marché, c'est la fleur que tu as touchée, c'est la
> rougeur qui passe sur tes joues : c'est ici, où
> tu es. — S'il vous faut absolument une religion
> l'amour en est une à sa manière.
>
> (EDGAR QUINET. — *Ahasvérus.*)

I

Son serment, son baiser, son cœur m'ont dit « Je l'aime ! »
Elle n'a pu mentir. Jamais un tel blasphème
Ne souillera le cours de sa limpidité.
Ah ! son âme est un fleuve ; et, quoique bien profonde,
Jusqu'au fond le regard la pénètre et la sonde,
    Car elle n'est que pureté.

Son amour est pour moi la perle parfumée,
Que le soleil levant baise, tout embaumée,
Dans le cœur de la rose ou sur le front du lis.
Mais il ne peut la boire ; elle est intarissable ;
C'est le flot de son âme : elle fleurit le sable,
      Rajeunit les sillons vieillis.

Honorez cette femme ! elle est la poésie,
Qui s'épanouit, fraîche, au désert de ma vie ;
L'ombre qui me sourit dans les chaleurs du jour :
C'est le bosquet de fleurs, où mon âme lassée
Vient revivifier mon cœur et ma pensée
      Dans tous les parfums de l'amour.

Mais, parfois, à travers l'ombre de ses feuillages.
Le vent m'apporte encor le souffle des orages
Que l'ardeur du soleil alourdit sans repos :
Souvent l'encens des fleurs s'éteint dans leurs corolles ;
Et mon baiser s'aigrit de fiel ; dans mes paroles,
      Râle le hoquet des sanglots.

Ah ! mon âme est la mer, sombre mais sans souillure :
Et, pour être agitée, elle n'est point impure ;
Son lit, comme le tien, n'est pas peuplé de fleurs.
Ses flots ne roulent pas tes senteurs enivrantes :
Son rivage est plus nu ; ses eaux, moins transparentes,
      Sont toutes troubles de mes pleurs.

Mais, hélas ! un courant plus rapide l'emporte :
Il faut lutter toujours : car la tempête est forte

Qui voudrait à ses flots barrer tout l'avenir.
Il faut lutter ; souvent elle tombe en écume,
Et, triste, s'éparpille au loin comme la plume
    D'un pauvre oiseau qui va mourir.

Ainsi, pardonne-lui ses bonds et ses colères ;
Laisse-la s'insurger contre les lents tonnerres
Que le sort orageux vomit sur tout son cours.
'Pour la calmer un peu, sois prudente et sois sage
N'aigris point ses combats par un nouvel orage :
    Verse-lui toutes les amours.

Sois douce, bienveillante, et clémente : sois mère,
Amante en même temps ; que ta parole amère
Ne blesse son amour, ni son cœur, ni sa foi.
Sainte fleur du bonheur, qui souris sur sa rive,
Caresse de parfums chaque vague plaintive
    Qui chante en passant près de toi.

II

Sois douce ; quand, hélas ! le baiser de ma lèvre
Se mouillerait de pleurs ou frémirait de fièvre,
Pardonne-moi toujours : je suis l'être agité
Qui ne puis plus trouver paix ni tranquillité :
Qui, menacé toujours des foudres de l'orage,
Poursuis sur les écueils un éternel naufrage !

L'inconnu, souriant, bercé par l'avenir,
Électrise mon cœur qu'il peut seul éblouir :
L'aquilon bat mon âme ; et, sombre et courroucée,
La vague du combat hurle dans ma pensée !
Et, penché sous mes dieux, Juif errant du Progrès,
Toujours je veux aller sans m'arrêter jamais :
Et chaque pas nouveau, me plongeant dans l'aurore,
M'entr'ouvre un horizon plus lumineux encore.
Mais, parfois, au milieu des éblouissements,
Des rideaux ténébreux m'entourent par moments,
Et mes yeux, étonnés par des clartés trop vives,
S'éteignent dans la nuit ou dans les perspectives.
Triste, alors, je sanglote en mon âme ; abattu,
Mon corps n'a plus de nerfs, ni mon cœur de vertu ;
Je pleure, mais non pas des pleurs de défaillance.
Ah ! pour ravigorer ma native vaillance,
Pour ranimer ma foi, chancelante à son tour,
Verse sur tout mon cœur ton baptême d'amour !

III

Non ! ne m'accuse pas ; je suis l'homme moderne
Qui, toujours harcelé par des combats nouveaux,
Ne peut se reposer auprès de la citerne
    Dont ta paix déguste les eaux.

L'orage, en vain toujours, planera sur ma tête :
Son aile, en bondissant, fouette mon cœur meurtri ;
Mais, sans trêve, je veux monter dans la tempête,
    Monter au front du Sinaï.

Oh ! dis, tu m'y suivras ; et ton amour fidèle
Étendra sous mes pieds la mousse de la foi :
Ta Beauté vêtira ma force de son aile,
    Et je te porterai sur moi.

J'écarterai de toi le vol de la nuit noire,
Et, la laissant couchée au profond du vallon,
Je veux, passant mon soc dans les champs de la gloire,
    Semer ton nom dans mon sillon.

Je veux, réunissant les roses de mes rêves,
T'en faire un doux bouquet, tout parfumé d'amour ;
Et tu prolongeras leurs existences brèves
    Par delà le déclin du jour.

Au haut du Sinaï j'irai voir, face à face,
L'antique Créateur, et s'il existe encor ;
Je te couronnerai des clartés de l'espace
    Comme d'une auréole d'or.

S'il est parti, fantôme, au pays des fantômes,
Je lèverai mes bras vers l'immense avenir ;
Sous mes yeux, la Pensée étendra ses royaumes ;
    L'espoir tûra le souvenir.

Si Dieu ne répond pas, d'orages en orages
Nous ne poursuivrons point son mirage éternel :
Nous ne monterons pas, sur le dos des nuages,
    Au néant menteur de son ciel.

Par la foi du progrès mon âme est fécondée ;
L'infini du Grand-Tout plane dans mon esprit :
J'épuiserai pour toi les trésors de l'Idée :
    Jamais ce Dieu-là ne périt.

Notre pied gravira, sans qu'il glisse ou qu'il tremble,
Jusqu'à l'azur pourpré de l'immortalité,
Et là-haut, nos deux voix épelleront ensemble
    L'infini de l'Éternité.

Nos regards forceront les portes de l'abime ;
Ses mystères chantant dans ses flancs toujours verts,
Entonneront pour nous, sur un rhythme sublime,
    L'hymne sans fin de l'Univers.

La Pensée, hérissant la vigueur de son aile,
Poussée à l'infini par un souffle d'amour,
Sondera jusqu'au fond, dans sa source éternelle,
    L'insondable splendeur du jour.

L'étoile sur nos fronts étendra sa lumière
Que verse en vacillant son œil de diamant :
Les soleils, sur nos pas, ouvriront leur paupière
    Dans les azurs du firmament.

Dans l'Infini, nos pieds fouleront les étoiles
Comme on foule le sable au vaste Sahara ;
Nous interrogerons la nature sans voiles ;
    La nature nous répondra.

Reployant les brouillards percés par la science,
Les mystères vaincus s'enfuiront sous nos yeux,
Nous ne gravirons plus, seuls et dans le silence,
    Le Calvaire infini des cieux.

Comme l'herbe et les fleurs dans les grasses campagnes
Des êtres incessants poudroiront sous nos pas ;
Et l'âme universelle, au plus haut des montagnes,
    S'épanouira comme en bas.

Le Grand-Tout, revêtu d'un manteau de lumière,
Tranquille, déploira son immortalité ;
L'infini souriant humera la prière
    Du concert de l'Éternité ;

Chants sacrés, entonnés dans un concert sonore,
Le soleil se couchant vous sait dans son tombeau !
O Nuit ! répète-les au berceau de l'aurore !
    Ombre, redis-les au flambeau !

Nous connaîtrons alors ce fluide sublime,
Qui vivifie ainsi les astres et les fleurs,
L'homme et l'insecte frêle, et le val et la cime,
    L'espoir, la joie et les douleurs !

De la mère nature il est l'âme sereine :
Il circule partout en sang de l'Infini :
L'atome et le soleil vivent de son haleine :
    Par l'univers il est béni.

On l'entend soupirer au sein de la nuit sombre ;
Il mêle ses torrents à la clarté du jour ;
Il vit dans la mort même ; il éclaire dans l'ombre :
    Et ce fluide c'est l'amour.

Donc aimons-nous toujours : les rigueurs de la route
Ne feront plus jamais trébucher notre foi :
L'un sur l'autre appuyés, nous défirons le doute,
    Tous deux, moi sur toi, toi sur moi !

Revue du Progrès. Avril 1863.

VIII

L'ENDORMI

A H. HIRSCH

En marche, et sans délais ! jeunes gens ! jeunes gens !
Car nous avons dormi vraiment assez longtemps.
Mais la séve n'est pas morte encor sous l'écorce.
Il faut se réveiller et révéler sa force,
Le devoir nous appelle et le temps est venu.
Il faut d'un vaste élan courir vers l'inconnu.
Il faut, tournant les yeux vers la sainte lumière,
Ne plus redemander ce qu'on laisse en arrière ;
Et, refoulant du pied le présent détesté,
Bondir dans l'avenir avec la liberté !

Voilà notre devoir et voilà notre tâche.
Tout homme qui recule en hésitant est lâche.
Malheur à lui ! — Les flots du Progrès incessant,
Montant, montant toujours, le noîront en passant ;
Et l'Oubli qui, parfois. éclipse les étoiles,
Étendra sur son nom ses invincibles voiles.
Toi, qui ne combats pas avec l'Humanité,
Misérable endormi, tu n'as pas mérité
Que sa main équitable, auprès de ta mémoire,
Pose éternellement le flambeau de la gloire.

Il dormait sur la grève ; avec de sourds sanglots
La mer l'avertissait par la voix de ses flots :
Une aspiration formidable, sublime,
Immense, tourmentait la houle de l'abîme,
Et chaque flot, cabrant son front de révolté,
En pleurant, retombait dans l'immobilité !
Se redressant bientôt, par un élan de rage,
Il hurlait vers le ciel un lamentable outrage,
Et semblait lui crier : « Va ! je brave ta loi !
« Ne descends pas ! C'est moi qui vais monter vers oi ! »
Mais il retombe encore. Alors, infatigable,
Vers la terre, roulant en torrent indomptable,
Il s'élance ; et, soudain, éperdu, furieux,
Il recule ; et plus fort rebondit vers les cieux

Et la terre s'écrie : — « O ciel ! ciel ! ô mon père
» L'Océan va te vaincre ; il a vaincu la terre ! »
— Et le ciel, en effet, voit, tout épouvanté,
Que l'onde s'est accrue et que l'onde a monté.

— Où donc est l'endormi ?

                 — Cherchez-le sur la grève.
— La grève a disparu sous le flot qui s'élève.
— Alors, remontez vite et ne le cherchez p us ;
Sans doute, l'Océan l'a couvert de son flux.
Il dormait, il est mort. La peine est peu sévère.
La mort et le sommeil sont-ils pas sœur et frère ?
Vivant ou mort, il n'a jamais changé de sort.
Dans la vie il dormait comme il dort dans la mort !

IX

LE CLOITRE ET LA MORT[1]

A HENRI BRISSON

I

Le cloître ! voilà donc le port, que, dans l'orage,
Votre religion a promis au naufrage
    De la douleur et de l'orgueil !
Venez, ô pèlerins des passions humaines,
Trouver un sûr abri pour reposer vos peines :
    Une prison sur un écueil !

Accourez ! l'airain sonne ; et la prière sainte
Convoque tous ces morts, dans la vivante enceinte
    Où s'enferme le Dieu jaloux.
Pères ! enfants ! époux ! trop lâches pour la lutte ;
Laissez-nous seuls ici rouler de chute en chute :
    Priez ! priez ! oubliez-nous !

---

1. Cette pièce a paru dans le huitième numéro de la *Revue du Progrès*. Novembre 1863.

O cloître ! si tes pleurs surprenaient son oreille,
La vengeance de Dieu qui, là-haut, toujours veille.
     Sur toi s'abattrait sans pitié ;
Et l'anathème ailé de sa gloire éternelle
S'écrirait, en fouettant ta tête de son aile :
     « Pourquoi n'as-tu pas oublié ?

» Moi seul ai droit, parjure, à ton sang, à tes larmes !
» — Car les sanglots humains sont pour moi pleins de charmes,
     » Et mon oreille s'en nourrit ;
» Et toi, dont un serment m'a vendu l'existence,
» Tes pleurs osent encor couler en ma présence
     » Pour ce monde que j'ai proscrit !

» Malheur à toi ! malheur ! les gueules de l'abîme
» S'entr'ouvrent sous tes pieds, réclamant leur victime ;
     » Regarde et tremble, homme sans foi !
» Là, vous vous plaindrez tous dans la fournaise immense.
» Qui plaignez ces mortels, maudits par ma clémence :
     » Malheur ! malheur ! malheur à toi ! »

Toi qui crains tant d'un Dieu la clémence implacable.
De quoi, pauvre insensé, te crois-tu donc coupable !
     Quoi ! son éternelle bonté,
Dont vous célébrez tant les sublimes mystères,
Condamne ainsi les pleurs qu'on verse pour ses frères
     Aux affres de l'éternité !

Lorsque, derrière vous la porte sourde tombe,
Votre âme, prisonnière enfermée en sa tombe.
     Ne peut ni penser ni sentir.

Holocaustes vivants, offerts à sa puissance,
Ne pleurez pas ! — Les pleurs appellent sa vengeance !
     L'enfer punit son repentir.

Esclaves éternels de ce maître invisible,
Courbez-vous ! — Car, là-haut, dans sa droite inflexible,
     La foudre veille sur vos pas.
Quand vous vous écartez de sa loi formidable,
Elle tombe !... Et la mort emporte le coupable.
     — La mort ne vous délivre pas !

II

Mort, je ne te crains pas : ô mère universelle !
O mort ! je vois sans peur ta lumière éternelle ;
     Et nous nous connaissons tous deux.
Parfois, sans que j'hésite ou que mon âme tremble,
Tous deux, pendant la nuit, nous conversons ensemble
     Sur un autre monde douteux.

Aux craintifs, tu parais sous l'aspect d'un squelette ;
Quelques morceaux verdis de ta chair violette
     Y pendent encor par lambeaux,
Ta poitrine est à jour : une lumière creuse
Sort du trou de tes yeux ; ta maigre main osseuse
     Montre le néant des tombeaux.

Mais, à moi, tu parais belle comme une vierge :
Sur l'autel allumé, jamais cire de neige
          Ne rivalisa ta blancheur :
Tes yeux sont grands et noirs : et tes cheveux d'ébène,
Coquettement ornés de rose et de verveine,
          Encadrent ta douce pâleur.

Sur ta bouche jamais le rire ne se pose :
Ton joli bouton semble un grain de corail rose
          Sur l'ivoire de ton beau sein.
Femme aux appas puissants, ta féconde mamelle
Allaitant l'univers, toujours le renouvelle,
          Le renouvellera sans fin.

Oh ! lorsque vers nos lits tu viens ; quand, délicate,
Pour nous saisir, ta main nous caresse et nous flatte,
          C'est une étrange volupté.
Va ! sois bénie, ô toi qui finis nos tortures,
Grande initiatrice aux vastes aventures
          Que nous promet l'Éternité !

III

Donc, je ne te crains pas ; je sais quel est ton rôle,
Que tu ne détruis rien que pour tout transformer,
Car le néant n'est pas ; la tombe est un symbole
Où, pour l'éternité, nul ne va s'enfermer.

Comme l'insecte vil qui s'endormit chenille,
Et se réveillera papillon un beau jour ;
Comme la jeune fleur qui renaît jeune fille
Sous les rayons sacrés de ce Dieu-Tout : l'amour !

Tout se transforme ainsi ; rien ne périt, tout change ;
Pétris par le Grand-Tout, dont la mort est la main,
Tous les êtres, fondus dans l'immense mélange,
Sous de nouveaux aspects renaissent dans son sein.

Eh bien ! moi qui, sans peur, contemple ton image,
O mort ! moi qui, parfois, envieux des tombeaux,
De ton mystère épais écartant le nuage,
Où d'autres ont vu l'ombre ai vu tant de flambeaux :

Oh ! je ne voudrais pas qu'à mon heure dernière
L'enceinte d'un couvent étouffât mes adieux,
Ni que mes compagnons, courbés sous la prière,
Fissent de leurs chants sourds retentir les saints lieux.

Je ne voudrais pas voir, avec tant de mystère,
Le jaune éclat d'un cierge éclairer mon réduit ;
Certes, j'aimerais mieux m'en aller, solitaire,
Ayant pour seuls témoins le silence et la nuit !

Mourir dans un couvent, oh ! ce doit être horrible !
Mort ! qu'on y doit souffrir quand ton bras a vaincu ;
Car c'est une torture effrayante et terrible
De sentir que l'on meurt et qu'on n'a pas vécu !

— « Veux-tu t'en assurer ? » dit une voix profonde,
Et la mort, tout d'un coup surgissant devant moi :
« Viens voir, ô mon enfant, comme on meurt en ce monde
» Auquel on n'a jamais pu songer sans effroi ! »

IV

Alors je vis la mort : elle était vraiment telle
Que je vous l'ai dépeinte, et peut-être plus belle :
Son esprit était doux : son regard lentement
S'agitait dans ses yeux souriant tristement.
De son être émanait un parfum de mystère
Qui tenait à la fois du ciel et de la terre,
Et l'on sentait qu'en elle elle avait réuni
Au fini des mortels l'immortel infini !

Paris, novembre 1861.

X

ÉPITRE A UNE DAME

SUR LA SATIRE MODERNE

Nos vers sont trop hardis ; trop fortes, nos colères
Font jaillir trop crûment nos rimes trop sincères,
Et nos vers francs et nets, peu soucieux des mots.
Comme des paysans marchent en gros sabots ;
Jardiniers trop grossiers, ramassant les feuillages
Au hasard, en fouillis, nous brassons des images,
Et, d'un air dédaigneux les jetant dans nos vers,
Nous mêlons sans nul choix les bois morts aux bois verts.
Nous traînons, sans souci des lectrices blessées,
L'imagination sur d'abjectes pensées,
Et, sans délicatesse aucune, sans nul goût,
Les faisons avec nous descendre dans l'égout.
Comme le bon Régnier, de *nos rimes cyniques*
Nous étonnons parfois les *oreilles pudiques.*

Qu'aurais-tu dit, Boileau, bon pédant bien soigné,
Si l'on t'avait fait lire Agrippa d'Aubigné?
Tu te serais signé d'horreur et de colère
Ainsi qu'un capucin qui parle de Voltaire.

Oui, comme vous, madame, il se fût révolté
De l'accent de nos vers trop crus de vérité,
Et ses ciseaux vainqueurs eussent tranché leurs ailes
Peintes trop vivement de couleurs trop fidèles,
Il m'eût dit comme vous :

                — « Quoi ! ne pourriez-vous pas,
» O poëte ! choisir des sujets moins ingrats,
» Et, si quelque démon vous pousse à la satire,
» Épargner la pudeur de qui veut bien vous lire?
» Attaquez et luttez, s'il vous plaît. — Mais pourquoi,
» D'un goût décent et pur répudiant la loi,
» Tourmenter votre vers, plein de stériles rages,
» Pour n'accoucher enfin que de sales images?
» Vous ne plairez jamais ; et tous les délicats
» S'enfuiront à vos vers ou ne les liront pas ! »

Il faut, si je comprends ce que vous voulez dire,
Verser de l'eau de rose à flots dans la satire,
Vous faire pressentir, non sentir le dégoût,
Couvrir de fleurs l'ordure et parfumer l'égout.
Il faut, ayant pour but que l'horreur vous en prenne,
Par des chemins bien doux vous mener à la haine
Et faire au même but marcher tout de travers
Par différents sentiers sa pensée et son vers ;
Il faut vous peindre un bouge, une caverne affreuse
Du pinceau chatoyant de Mignard et de Greuze,

Et, si vous le pouviez, vous diriez aux Watteaux
D'éclaircir les Rembrandt, trop tristes et trop chauds.
Vous aimez, cultivant les fleurs des périphrases.
Le noble abbé Delille, *et ses doctes emphases.*
Or, j'ai peu lu Delille, et je me suis juré
Que j'y serai forcé lorsque je le lirai.
Donnez-moi sur ce point votre avis en franchise.
Un enfant pisse au lit ; voulez-vous que je dise
En académicien : « Il souille à son insu
« Le tapis qu'à grands frais Babylone a tissu ? »

Non ! nous n'écrivons pas pour tous ces goûts malades
Qui n'aiment que les vers arrangés en charades,
Et que les pensers forts exprimés fortement
Étonnent d'un profond et morne accablement.
Ce n'est certes pas nous qui, dans une eau glacée,
Faisons pour ces gens-là distiller la pensée,
Ou qui, la dissolvant aux creusets des rhéteurs,
La noirons dans des flots de sirops sans saveurs.
Ah ! tenons en horreur toutes choses fardées :
Soyons francs dans nos mots comme dans nos idées :
Dédaignons les mépris des vulgaires pudeurs
Et d'onguents affectés ne plâtrons pas nos cœurs.

XI

LE POËTE[1]

À M. LAURENT-PICHAT

On me disait un jour :

     — « Je ne lis plus de vers :
» Vos poëtes ont pris notre siècle à l'envers :
» Quel esprit, altéré de la sainte pensée,
» Peut assouvir sa soif à leur source glacée?
» Eh quoi! l'humanité, qu'on ne peut retenir,
» Comble de ses flots purs le lit de l'avenir :
» La Nature éternelle, en ses formes actives,
» De fruits plus odorants peuple toutes ses rives ;
» Et vers des cieux nouveaux l'horizon incessant
» Dans l'inconnu sans fin se plonge en l'embrassant.

1. Paru dans la *Revue du Progrès*. Octobre 1863.

» — Cependant, vos rimeurs, sans cœur et sans idée,

» Caressent mollement une muse fardée,

» Et, sans cesse tournant leurs yeux vers le passé,

» Habillent leur néant d'un chaos insensé !

» Ah ! c'est qu'ils ont perdu ce qui les faisait vivre :

» Leurs vases ciselés n'ont rien qui nous enivre,

» Et la femme ni l'homme, hélas ! n'y vont puiser

» La force de souffrir et celle de penser.

» Ils nous montrent toujours, dans de feintes extases,

» Dés rêves, pailletés du clinquant de leurs phrases :

» La mort, en leurs esprits, règne comme en leurs cœurs.

» Ce sont des costumiers et non plus des sculpteurs !

» Ces marqueteurs de mots, et ces joueurs de rimes,

» Rampent dans les vallons et dédaignent les cimes :

» Et là, seuls, sans souci de l'immense univers,

» Ne prennent d'intérêt qu'à voir ronfler leurs vers !

» Moi qui, tenant en main mon bâton de voyage,

» Au progrès éternel monte à travers l'orage,

» Et qui sur ce chemin ne puis plus m'arrêter,

» S'ils chantaient devant moi, je voudrais écouter ;

» Je voudrais recueillir dans mon âme apaisée

» Leurs chants triomphateurs, sainte et mâle rosée

» Qui, ravivant les cœurs lassés par tant d'efforts,

» Donne la force au faible et la douceur aux forts !

» Vous donc qui les aimez, dites-leur : — Prenez garde,

» Le poëte n'est rien s'il n'est en avant-garde,

» Et si, dans son chemin, il s'assoit affaissé,

» Au lieu de l'avenir regardant le passé ! »

Et moi je répondis :

                    Moi, dont la poésie
Sans doute absorbera le meilleur de la vie,
Moi qui, fidèle amant, ne veux pas la quitter,
J'en pense comme vous — mais daignez m'écouter.
Ne confondez-vous pas, dans le trouble où vous êtes,
Pinçons et rossignols, et rimeurs et poëtes,
Les charlatans de place avec les vrais acteurs ?
De grâce, laissez là ces versificateurs
Qui, sans cœur, sans esprit, sans idée arrêtée,
Attifent d'oripeaux une rime hébétée,
Et ravaudent sans goût des lambeaux de couleurs,
Et pomponnent le rien de rubans et de fleurs.
Le vrai poëte est fier ; et, fils de la tempête,
Il va toujours devant, tient toujours haut sa tête.
Et, mécontent toujours du présent malvenu,
Du sommet idéal il plonge en l'inconnu.
Comme un aigle, toujours volant de cime en cime,
En étoile de flamme il brille sur l'abîme.
Il conduit, il éclaire ; il trouve les chemins
Où devront pas à pas le suivre les humains ;
Des suprêmes hauteurs de son vol solitaire
Il verse ses clartés et ses chants sur la terre ;
Mais il n'est point pareil aux pigeons messagers
Envoyés par un maître aux pays étrangers.

Le poëte est un œil qui contemple les choses :
Il décrit les effets sans remonter aux causes.
Ce n'est pas un Musset dont le vague regard
N'aperçoit les objets qu'à travers un brouillard.

Et ne sait pas vêtir d'une forme précise
Les pâles visions de son âme indécise.
Ah ! les fils de Musset pourquoi les écouter !
Des mots, rien que des mots ! est-ce de quoi tenter
Les robustes enfants de ce siècle rebelle
Qui porte dans ses flancs l'humanité nouvelle !
Nous qui, dans l'infini, faisant plonger nos yeux,
Avons su mesurer les piédestaux des Dieux ;
Nous qui savons comment, depuis son origine,
Allait diminuant la famille divine,
Jusqu'à ce qu'un seul Dieu lui restât survivant :
Nous, dont la hardiesse a bien pu, soulevant
Le voile d'infini déployé sur sa face,
Découvrir ce vieux Dieu, cadavre dans l'espace.
Nous qui, sans hésiter, fils de l'humanité,
Voulons, à livre ouvert, lire l'Éternité,
Et voir si quelque Dieu, que le présent ignore,
Né dort pas, jeune enfant, au berceau de l'aurore ;
Nous qui, pour le passé n'ayant pas un soupir,
Gravissons, sans trembler, l'implacable avenir,
Prévoyant que, sans doute, au bout d'un lent voyage,
Dieu n'apparaîtra pas sur un trône d'orage ;
Nous qui, dans l'Idéal, conduits par le Progrès,
A la mère Nature arrachant ses secrets,
Ne pouvons, quand le doute étreint nos assurances,
Qu'en elle et qu'en nous seuls trouver nos espérances ;
Nous, enfin, pouvons-nous arrêter nos pensers
Sur ces rhythmes muets et ces mots insensés ?
Leurs rêves, dédaigneux de nos routes nouvelles,
Dans de trop noirs sentiers laissent traîner leurs ailes,

6

Ah ! nous ne voulons pas les suivre dans la nuit :
Notre vaste silence éteint leur petit bruit !

Mais suivons, chers amis, suivons le vrai poëte
Dans l'idéal sacré qu'il gravit jusqu'au faite :
Chantons derrière lui nos joyeux chants d'amour :
Aimons-le, celui-là, car il nous mène au jour.
Son front auréolé resplendit d'étincelles :
Des éclairs fulminants jaillissent de ses ailes :
Et, quand son vol de feu rase l'Éternité,
Le gouffre d'infini se remplit de clarté.
Plongeur de l'inconnu, sous ses vagues profondes
Ainsi que des coraux il va chercher des mondes ;
Il verse sur nos fronts tous les parfums des fleurs :
Vous le voyez ici, soudain il est ailleurs,
Et, l'immense Nature étant sa tributaire,
Il cueille l'infini pour embellir la terre !

Ah ! la nature et l'homme ouvrent sans se lasser
Leur source intarissable à qui sait y puiser :
Poëte, elle est à toi : car ta muse éternelle
Des vieux palais divins a retiré son aile ;
Et c'est toi qui, toujours poussé par l'idéal,
A des Dieux souverains brisé le piédestal ;
Ta soif de l'infini ne put être assouvie
Par aucun de ces Dieux : — ils n'avaient pas la vie !
Si tu venais vers eux, tu raillais leurs autels :
Car tu voyais la Mort, raillant ces immortels,
Tendre en chauve-souris ses ailes sépulcrales,
Et bercer ses filets du haut des cathédrales.

Et, reprenant encor ton vol épouvanté,
Éperdu, tu heurtais la morne Éternité :
Alors, tu retombais, harrassé, sur la terre.
Blessé, tu te traînais : dans son deuil solitaire,
Fier, et jamais vaincu, ton courage attendait.
Tu regardais le ciel : le ciel te regardait ;
Et vous vous compreniez. L'idéal impassible
Déployait sur ton front l'azur inaccessible.
Vous chantiez, écoutés des astres radieux,
L'humanité féconde et le néant des dieux.

Septembre 1863.

XII

J'admire, dédaigneux des vagues mélopées
Qu'entonnent nos rimeurs sinistres ou plaintifs,
L'épanouissement des vastes épopées
Balançant leurs parfums dans les vents primitifs.

Les jeunes univers dilatés et sonores,
S'abreuvaient de la vie, éparse dans les airs,
Et la virginité des naïves aurores
D'une lumière fraîche arrosait les cieux clairs.

Mais, quand je redescends vers notre crépuscule
Plein de gémissements mornes et violents,
Trouvant l'homme pervers, honteux et ridicule,
Dans l'immense avenir je m'engouffre à pas lents ;

Et, sur le long chemin de la Cité nouvelle
Pour marquer où passa mon pied de voyageur,
Je dresse quelque strophe, austère et solennelle,
Comme un sphinx de granit immuable et rêveur.

XIII

LA PENSÉE [1]

A G. CASSE

> Car tout cède en grondant au joug de la Pensée :
> Les immortels ont peur quand sa flèche est lancée.
> Tout pâlit devant sa clarté.
> L'Esprit souffle d'en haut, plus léger que la brise :
> Plus puissant qu'un cyclope, en souriant il brise
> L'immuable fatalité.
>
> (EDGAR QUINET : — *Prométhée.*)

I

O toi, dont les clartés ont vaincu la nuit noire,
Toi seule es immortelle, ô pensée ! — et la gloire
Plane dans la splendeur sur ton front de granit.
Le marbre de tes pieds rit de tous les orages,
Et ta sérénité recueille nos naufrages,
Pendant que dans tes mains les oiseaux font leur nid.

1. Paru dans la *Revue du Progrès.* Mars 1864.

Tes yeux, pleins d'infini, plongeant dans les étoiles,
Pour les regards impurs restent couverts de voiles :
Quand, sous toi, le désert, aride immensité,
Sans pouvoir l'ébranler pousse ses flots de sable,
Tu lui réponds : « Silence ! atome périssable !
» Laisse-moi converser avec l'Éternité ! »

Et, tranquille, accroupie au sein de la tempête,
Nul tonnerre ne peut remonter vers ta tête :
Tu ne daignes pas même écouter tout ce bruit.
Riant des dards de fer que, dans la canicule,
Le nègre éperdu lance à son feu qui le brûle,
Au front des calmes cieux le soleil toujours luit.

Nos combats de néant, nos luttes de poussière,
Ne pourront arrêter les jets de la lumière :
Nos nuages d'un jour n'obscurcissent que nous.
Ah ! prends-les en pitié, ces athlètes de l'ombre,
Et, pour nous préserver enfin de leur pénombre,
O Mère, de ta main mets-nous sur tes genoux.

Bienheureux celui-là que tu vois en amie :
S'il vient jusqu'à ta lèvre, il y boira la vie :
Il vivra, comme toi, de l'esprit, pain des forts.
L'Éternité clémente, à sa sainte mémoire,
Donnera le linceul lumineux de la gloire,
Et son nom comptera dans tes sacrés trésors.

Cet homme aura, montant presque jusqu'à la cime,
Entendu quelques mots de ton verbe sublime ;
Car la parole monte et ne descend jamais !

Ah ! malheur à l'esprit qui rampe sur la terre,
Et qui n'ose pas suivre, en son vol solitaire,
L'âme, dont les efforts tendent aux grands sommets.

N'abandonnons jamais, tout absorbés en elle,
La contemplation de L'IDÉE ÉTERNELLE ;
Toujours gravissons-la sans jamais nous lasser.
Monte toujours ! le ciel au-dessus de ta tête
S'élargit : nul de nous ne touchera le faîte
D'où l'immense regard pourrait tout embrasser.

Qu'importe ! Nous mourons ! la race est immortelle.
Tel homme a pu gravir jusques à ta mamelle ;
Tel autre s'est assis, tremblant, sur tes genoux.
Et d'autres, à tes pieds, gisent dans la poussière !
— Mais elle, souriant comme une bonne mère,
Sur son sein infini peut nous embrasser tous.

Vous qui la dédaignez, vos clameurs incertaines
Ne peuvent pas frapper ses oreilles hautaines ;
Son visage est tourné toujours vers l'avenir :
Ainsi que le pêcheur, attendant la marée,
Elle regarde au loin, dans la lueur dorée,
Sur la mer-horizon la vérité venir.

Mais elle est immobile et n'est point immuable ;
Ses pieds fouillent sans fin votre océan de sable ;
Son front grandit toujours dans les cieux déchirés,
Et dans l'infini morne il monte sans colère,
Et les dieux effrayés, déchus de leur chimère,
Sont tombés dans les flots qui les ont dévorés.

II

Ah ! plaignons les esprits, sans lumière et sans ailes,
Qui se vautrent toujours dans la réalité.
L'azur de l'infini fatigue leurs prunelles ;
Éphémères, craignant les clartés éternelles,
Ces amis du mensonge ont fui la vérité.

Leur étroit horizon n'est rempli que de fange :
Des meules de fumier bornent partout leurs yeux :
Parqués par le hasard, ils grouillent en mélange ;
Des saintes passions la sublime phalange
Ne peuple point leurs cœurs de rayons radieux.

Vous, esprits purs, planez ! sinistre et désolée
L'humanité grelotte en ses manteaux usés;
Les dieux sont morts. La nuit dresse leur mausolée ;
Esprits purs, invoquez L'IDÉE IMMACULÉE :
Elle rajeunira les hommes épuisés.

Et vous mourrez alors, vous, insectes voraces,
Qui, sous terre, rongez les germes de nos blés :
Nos épis plus féconds donneront à nos races
Un pain plus nourrissant, comme en grappes plus grasses
Le vin des forts cuira dans les barils comblés.

Ô Pensée, ils boiront ta parole certaine ;
Ils ouvriront leur âme aux semences du beau :
— Fécondés aux clartés, dont notre aurore est pleine,
Épis des vérités, germez dans l'âme humaine :
Les mensonges sont morts : croissez sur leur tombeau !

Tes rayons, ô Pensée, et ton verbe sublime
Empliront tous les cœurs, de qui la pureté
A, comme un saint encens monté jusqu'à ta cime ;
Et l'amour, arrachant la femme de l'abîme,
La rendra digne aussi de ton éternité.

Car la femme est sacrée : elle est sainte ; et vers elle
La pensée, en riant, incline son front pur :
Ô femme ! chaste sœur de la gloire immortelle !
Enlace-moi d'amour ; ah ! prends-moi sur ton aile :
Et, tous deux réunis, gravissons vers l'azur.

Femme ! malheur à ceux dont la fièvre insensée
A voulu polluer ta robe de beauté.
Malheur au libertin dont la main l'a froissée ;
Car, le jugeant impur, la pudique pensée
A jamais l'exclura de sa sérénité.

Seul, l'homme calme est fort : — la haine et la colère
Font trébucher le pied qui gravit l'infini :
Voyageur, prends en main un bâton tutélaire :
Tranquille, et sans ployer sous le jour qui l'éclaire,
Va dénicher l'oiseau d'idéal dans son nid.

Si parfois, ô Pensée, ardent et jeune athlète,
Mon cœur âpre grondait et gourmandait le sort,
Pardonne-moi. Depuis, j'ai connu la tempête ;
Et les vents impuissants ont, en fouettant ma tête,
Enseigné l'ironie à mon esprit plus fort.

Je ne conserve plus, pour mon rude voyage,
Qu'un compagnon, un seul ! — Amour, viens avec moi !
Ah ! ne me quitte pas ; que ta voix m'encourage,
O femme ! que tes yeux brillent dans mon orage :
Si je doutais, ton cœur me rendrait à ma foi.

Et tu me montreras la cime d'allégresse
Que l'infini revêt de lumière et d'azur ;
Monte, me diras-tu. — Je monterai sans cesse ;
Et ton bras soutiendra mon bras, si je m'affaisse.
Et, sous tes saints regards, mon cœur restera pur.

Février 1864.

LIVRE TROISIÈME

L'AMOUR

. . . .

A THÉOPHILE GAUTIER

Avril, pour m'y coucher, m'a fait un tapis d'herbe.
Le lilas sur mon front s'épanouit en gerbe ;
    Nous sommes au printemps.
Prenez-moi dans vos bras, doux rêves du poète ;
Entre vos seins polis posez ma pauvre tête,
  . Et bercez-moi longtemps.

   (Théo. GAUTIER. — *La Comédie de la Mort.*)

  « Seu quidquid fecit, sive est quodcumque loquuta
   « Maxima de nihilo nascitur historia

    « (PROPERTIUS : lib. II, elegia 4.) »

I

A THÉOPHILE GAUTIER

Pour marier le moderne à l'antique
Sur l'idéal j'ai calqué mes dessins,
Et, quelque temps, poursuivi dans l'Attique
Aphrodite, dont je moulai les seins.

En remplissant mon musée artistique,
J'ai, bien ou mal, accompli mes desseins ;
Et maintenant, au devant du portique,
Je veux placer les bustes de mes saints.

J'y mets d'abord celui de ma maîtresse ;
Il est d'albâtre ; et l'amour noué et tresse,
Dans ses cheveux, des feuilles et des fleurs.

Et quant au vôtre, ô peintre, je le pose
Sur ce fronton, que l'air bleuâtre et rose
Fait chatoyer sous le jeu des couleurs.

15 avril 1865.

7

II

PORTRAIT

La couleur du marron brunit la courbe pure
De tes sourcils soyeux ; ta brune chevelure
Que poudre d'un or blond le rayon du soleil,
Se fond et s'évapore en un brouillard vermeil.
Pour former ton épaule, aux suaves étreintes,
Les myrtes et les lis fondent leurs pâles teintes :
Le jade de tes yeux nage dans la blancheur
De leur orbe, nacré d'un bleu calme et rêveur :
La grenade, brûlant sur tes lèvres écloses,
Et le pâle jasmin relevé par des roses
Confondent leurs reflets sur ta peau de satin ;
· Et ta gorge ressemble à la fleur du matin.
Ton épiderme frais, d'où ton arome émerge,
Est fait avec ces fils nommés *fils de la Vierge ;*
L'œillet blanc, nuancé des teintes du grenat,
S'épanouit deux fois sur ton sein blanc et mat,
Et l'azur des bleuets, rougis par les verveines,
Colore le trajet du sang bleu de tes veines.
Quand ta lèvre de feu sourit à mon bonheur,
Un bouquet de parfums vient inonder mon cœur :
Les plus belles des fleurs et les plus odorantes
Harmonisent en toi leurs senteurs différentes ;
Et, quand je t'entends rire et pleurer à la fois,
Je crois que des oiseaux gazouillent dans ta voix.

Mai 1862.

III

L'AÇÔKA [1]

A C. DANOUY

Mère des races primitives
Et contemporaine des Dieux,
Ganga voit, sur ses blondes rives,
Croître un arbre prodigieux.

Lorsque, tout vêtu de lumière,
Le printemps, de ses doigts rosés,
Vient semer comme une poussière
Les trésors qu'il a composés ;

Qu'il alterne, dans la verdure,
Le chœur diapré des couleurs,
Et, sur le sein de la Nature,
Jette en riant toutes ses fleurs ;

Seul, mélancolique et morose,
L'açôka, sur son manteau vert,
Ne veut pas même qu'il lui pose
L'émail d'un bouton entr'ouvert.

[1] Paru dans la *Rive gauche.*

Dans son orgueilleuse espérance,
Il sait que sa stérilité
N'a besoin, pour sa délivrance,
Que d'un regard de la Beauté.

Une femme, en passant, l'effleure ;
En l'effleurant elle sourit,
Et, de sa grâce intérieure,
Féconde l'arbre qui fleurit.

Le grenat de sa fleur soudaine
Flambe d'un feu vif et changeant,
Comme dans le nocturne ébène
Pétillent les astres d'argent.

De même, seul avec son âme,
Le poëte, plein de langueur,
Attend qu'un sourire de femme
Féconde et fleurisse son cœur.

18 décembre 1864.

IV

Quand je l'entends parler, sa voix est un cantique
    Où gazouille la volupté ;
Et tous les sentiments de mon âme extatique
    Se fondant soudain en musique
    Chantent un hymne à sa beauté.

Et lorsqu'elle se tait, mon âme de poëte
    L'écoute toujours : car ses yeux,
Estompés d'une brume où son cœur se reflète
    Chantent cette chanson muette
    Qu'entendent seuls les amoureux.

Je t'adore à genoux, vision pure et belle !
    Idéal fait réalité ;
Ma contemplation, recueillie et fidèle,
    Admire, réunis en elle,
    L'amour, la grâce et la beauté !

V

CLAIR DE LUNE DANS UN BOIS

— « Ah ! suis-moi, disait-il ; suis-moi : la nuit est pure.
» Aucun pli n'a noirci l'azur du firmament ;
» La lune, souriant à la calme nature,
» Sur le bois assoupi se berce mollement. »

Tous deux, suivons tous deux les détours de l'allée
Qui, comme un ruban noir s'enfonçant dans les bois,
Serpente sur le bord de cette onde étoilée
Où le ciel nous regarde une seconde fois.

O silence des monts, pleins d'ombre et de mystère !
Et de ces bruits confus qu'on aspire en rêvant,
Lune, dont le rayon parle amour à la terre,
Vous nous verrez ici vous écouter souvent.

Oui, souvent, n'est-ce pas, souvent, ô mon amie,
L'un l'autre fatigués par les splendeurs du jour,
Tout pensifs, nous viendrons retremper notre vie
Au calme de la nuit, si propice à l'amour.

Comme il disait ainsi, les flots et la ramure
Murmurèrent, sur l'orgue harmonieux des nuits,
Cet hymne, à la fois jeune et vieux, que la nature
Fait avec les douceurs profondes de ses bruits.

Mais lui, près de son cœur, sentant trembler sa belle,
Se pencha vers son front et lui parla tout bas.
— « Oh ! ce n'est pas de peur que je tremble ! » dit-elle,
Et son bras plus pressant s'appuya sur son bras.

Et la Nuit, répétant, souriante et sereine,
Le bruit d'un doux baiser suivi d'un doux soupir,
Réveilla, balancé dans les rameaux du chêne,
L'amoureux rossignol qui se mit à gémir.

O parfum vague et frais que la forêt ombreuse
Où les pleurs de la Nuit calment les feux du Jour
Mêle à cette harmonie infinie et rêveuse
Qui monte d'ici-bas vers l'éternel amour.

Ah ! qui peut aspirer de vos senteurs sublimes
L'immense mélodie et la sérénité,
Sans entendre, au profond de ses rêves intimes,
Pour répondre à vos chœurs, chanter la volupté ?

Couple, que mon regret poursuit sous la nuit sombre,
Épelez librement vos mystères joyeux ;
Laissez la volupté, sous le voile de l'ombre,
Vous parler par la voix de la main et des yeux...

Comme le moissonneur, sur le roc infertile,
J'ai semé mes désirs sur des cœurs endurcis,
Et n'en ai recueilli qu'une moisson stérile
D'implacables dégoûts et de mornes ennuis.

Oh ! dis que tu viendras un jour, toi dont je rêve,
Plus clémente aux accents suppliants de ma voix,
Quand la lune amoureuse à l'horizon se lève,
Écouter avec moi les silences des bois.

Février 1862.

VI

RÉVEIL

~~~~~~

Déjà la terre ensoleillée
Fume comme un encens sous les regards du Jour;
Le chant de la nature, heureuse et consolée,
　　Monte vers l'Éternel amour !

Le soleil, hésitant encore,
Va bientôt dissiper, d'un rayon plus certain,
La brume, vêtement dont s'ouate l'aurore
　　Dans le doux hamac du matin.

Mes bras te tiennent dans leur chaîne ;
Le baiser de ma lèvre accourt te réveiller,
Et, semblable à l'abeille, il vient sur ton haleine
　　Se poser, trembler et voler.

Il vole et cherche ton sourire ;
Et ton sourire aussi le poursuit à son tour.
Dans l'oubli du passé qu'aujourd'hui vient détruire.
　　Ne songeons plus qu'à notre amour !

VII

REPROCHE

Mon cœur est un oiseau des bois ;
Il a fait son nid dans ton âme,
Et, s'il y chante quelquefois,
C'est toi qu'il chante et pour toi, femme.

Tu ne l'as jamais écouté,
Et ton amour, rare en caresse,
Est sans rire pour sa gaîté,
Est sans larmes pour sa tristesse.

Quand il gémit de lents soupirs
Ton oreille en est ennuyée ;
Par les baisers de tes plaisirs
Tu crois sa douleur trop payée.

Tu l'aimes ; il le sait, mon cœur.
Hélas ! pourquoi, toujours sévère,
Punir d'une telle froideur
Sa jalousie et sa colère.

Crois-tu donc n'avoir point de tort
Et qu'une suprême justice
Trouverait toujours en accord
Toutes les lois de ton caprice ?

Mars 1862.

7.

VIII

SONNET

Malheur au cœur naïf qui va rêvant l'amour,
N'en ayant encor pu lire que la préface !
L'amour habite en haut : quoi qu'on dise ou qu'on fasse.
S'il descend quelquefois, ce n'est que pour un jour.

Je ne veux plus aimer ; je m'en vais à mon tour
Abandonner ma vie à l'aquilon qui passe :
Je veux que l'aquilon l'effeuille dans l'espace.
Et l'envoie au néant, à qui j'ai fait ma cour.

Néant ! je te bénis, s'il se peut que j'oublie
Les instants révolus de mon bonheur passé :
Que ce songe s'envole et qu'il soit effacé !

C'est bien jeune en effet, et c'est plein de folie
De penser qu'un amour, que l'on nous a juré,
Doit tenir sa promesse et doit être sacré !

12 juin 1863.

IX

FLORAISON POSTHUME

. . . .

Quand mes larmes auront creusé.
Creusé ma fosse tumulaire,
Et, qu'ayant calmé ta colère,
L'oubli sur moi sera passé;

Quand la terre, la grande aïeule.
Couvrira de son vert manteau,
Mon cœur, muet dans son tombeau,
— Mon cœur qui vivait pour toi seule ; —

Lorsque le souffle de la mort
Dispersera; tout effeuillée,
Dans l'asile du dernier port.
Mon espérance, fleur ailée ;

Quand, dans le sommeil de là-bas.
Mes douleurs, lasses de la vie,
Goûteront cette paix bénie.
La paix que je ne connais pas ;

Quand dans les vers et dans la poudre
Mon cœur se sentira dissoudre,
— Ah ! ce cœur qui n'aime que toi ! —
Tu ne penseras plus à moi.

Aucun pleur de tes yeux, ô femme !
Ne mouillera mon souvenir ;
Ce ne serait rien de mourir
Si je survivais dans ton âme.

Ah ! viens au moins sur mon tombeau ;
L'air est calme ; le ciel est beau,
Et les petites pâquerettes,
Les pervenches, les violettes

Se hâtent tout languissamment,
Entre les fentes de ma bière,
Vers les baisers de la lumière ;
Cueille-les amoureusement ;

Oui, cueille ; dans ton âme même
Amasse-les sans les flétrir ;
Car leurs couleurs sont un emblème,
Leurs parfums sont un souvenir !

Janvier 1863.

X

CLAIR DE LUNE DANS PARIS.....

....

A HENRI WINTER

Minuit faisait jaillir, comme des étincelles,
Les gerbes de ses sons qui, palpitant des ailes,
    Montaient et vibraient en tremblant,
L'air était sec et vif ; la nuit calme et splendide ;
Et le dôme du ciel, sans vapeur et sans ride,
    Était couvert d'or scintillant.

La lune avait tendu les blancheurs de son voile ;
On eût dit qu'un vent frais, passant sur chaque étoile,
Les faisait osciller ; et que, confusément
Semé d'une poussière impalpable et dorée,
Du vif argent, teinté d'une teinte azurée,
Animait cette nuit l'orbe du firmament.

Vous alliez calmement, baigné de clarté sombre ;
Vos pas s'amortissaient dans le silence et l'ombre ;
    Peut-être alors sur votre bras
S'appuyait doucement le bras d'une maîtresse ;
Et, penché vers ses yeux tout trempés de tendresse.
    Vous alliez en causant tout bas.

Vous disiez de ces mots qui font palpiter l'âme.
— Oh ! la nuit, à son bras presser un bras de femme ! —
Et la lune, rêveuse au fond des horizons,
Avait acculé l'ombre au tournant d'une rue ;
Et, tombant sur les toits, sa clarté vive et drue
Faisait saillir en noir le profil des maisons !

Janvier 1863.

XI

LA VOLONTÉ

Ne le craignez jamais : la rigueur de la vie
Contre nos cœurs unis peut s'exercer un jour :
Elle peut nous briser tous deux : — je la défie
De me faire jamais oublier notre amour.

L'amour est un oiseau, dit-on, qui vole vite ;
Et l'œil qui lui sourit va le perdre et pleurer.
Il apparaît et fuit, laissant après sa fuite
Un de ces souvenirs qu'on ne peut réparer.

Comme depuis longtemps nous vivons sous son aile,
Nous savons bien tous deux qu'il est calomnié ;
Je le regretterai s'il devient infidèle,
Mais on ne dira pas que je l'ai renié !

Ah ! mon âme est trop haute, ayez-en l'assurance,
Pour qu'à nos souvenirs elle vienne insulter :
Ce que tu m'as donné de joie et de souffrance
Est un dépôt sacré que je veux respecter.

Je n'imiterai point ces poëtes profanes
Qui pleurent sur eux-même un vers compatissant,
Et traitent leurs douleurs comme des courtisanes
Qu'on peut déshabiller sous les yeux du passant.

Ah ! si je dois souffrir cette effroyable peine
De voir un jour ton cœur se dessouder du mien,
Je veux, me tenant grave en ma pudeur sereine,
Qu'avec l'amant nouveau tu pleures sur l'ancien.

Au-dessus des douleurs, dont la foule l'assaille,
Mon âme inaccessible habite ma fierté,
Et ne jettera pas, au fort de la bataille,
Ce bouclier d'airain nommé la volonté.

A la nécessité prouvons notre puissance ;
Et sur d'altiers sommets montons notre douleur.
Reste dans ton azur, impassible Espérance !
Je n'attends rien de toi ni d'un monde meilleur.

Je sais que notre vie est irrémédiable :
J'accepte la défaite et je l'attendais bien.
O toi qui m'as vaincu, Nature impitoyable,
Je veux mourir ainsi sans te demander rien.

— Mais pourquoi concevoir de précoces alarmes ?
Aujourd'hui comme hier je me repose en vous.
Non ! tu ne viendras pas, ô sombre jour des larmes !
Triste jour des douleurs, ne descends pas sur nous.

Mais s'il vient, ah ! s'il vient ! mon cœur, soyez-en sûre,
Mon cœur, loyal et fier, saura se résigner,
Et mettra tant de soins à cacher sa blessure
Que personne du moins ne la verra saigner !

4 avril 1861.

XII

PREMIÈRE SOIRÉE EN PRISON

Je suis seul. — La prison m'entoure, triste et nue :
Les verrous de la porte ont grincé. — Je suis seul.
Le silence et la nuit ont cousu mon linceul
Et, lentement, je bois une mort inconnue.

Toi, que fais-tu là-bas ? — Toujours je pense à toi.
Puis, si quelque fraîcheur de la nuit irisée,
A travers les barreaux, arrive jusqu'à moi,
Dans ses parfums lointains j'aspire ta pensée.

Car tu penses à moi. — Nos corps sont séparés ;
Mais l'éternel amour réunit nos deux êtres,
Et nos cœurs sont liés par mille nœuds sacrés.

O vents, dont j'entends l'aile effleurer mes fenêtres,
Vents des nuits, reportez vers elle en soupirant
Le baiser de son cœur qui m'appelle en pleurant.

Sainte-Pélagie, 23 octobre 1864.

XIII

LES CHATS

Mon amour a vu ton image
Qui se reflétait dans la nuit,
Miroir sombre, où la forme nage
Dans un chaos qui tourne et fuit.

Seule, cette image adorée
Précisait ses contours certains ;
Les splendeurs de ta chair nacrée
Vivaient et tremblaient sous mes mains.

Des tourbillons de formes blanches
Nuageaient ta fière beauté,
Et les courbures de tes hanches
Se cambraient vers la volupté !

Ta tête, affaissée et pendante,
Tendait ta gorge à mon baiser ;
Je sentais, dans ton âme ardente,
Tout mon être se transfuser.

Ton œil, où tremblait ta paupière
Comme un papillon sur les fleurs,
Dardait des éclairs de lumière
Qui s'éteignaient, noyés de pleurs.

Ma lèvre buvait sur ta lèvre
Les feux humides du désir
Qui, dans ta gorge qu'il enfièvre,
Râlait les hoquets du plaisir !

O voluptés saintes et folles,
Désirs toujours inapaisés !
Chauds poëmes, dont les paroles
Sont tes sanglots et mes baisers !

Ainsi je savourais un rêve
Bien doux, quand la réalité,
Trouvée auprès de nous, achève
Le bonheur qu'il a suscité.

Mais tout à coup des cris funèbres,
Mêlés de spasme et de fureur,
Vinrent, à travers les ténèbres,
Me réveiller de mon erreur.

Vite, j'allume une lumière.
J'ouvre ma fenêtre ; j'attends...
Ces cris partaient de la gouttière
Où les chats prenaient du bon temps.

Je vous en veux, bêtes cruelles,
Dont les ébattements fiévreux
Firent s'enfuir, à tire d'ailes,
L'essaim des rêves amoureux.

XIV

NOUS N'IRONS PLUS AU BOIS...

Pressé dans ses rives brûlantes,
Le ruisseau roule ses eaux lentes
Que le soleil écaille d'or ;
Dans le saule le vent se berce
Glisse le long du tronc, et gerce,
En s'enfuyant, le flot qui dort.

Au loin rougit l'horizon fauve :
Une pâle teinte de mauve
Apaise l'azur du ciel blond
Dont la robe traîne sa frange
Dans une vapeur, où l'orange
Se fond avec le vermillon.

L'Été, vermeil et léger, foule
La campagne, où frissonne et houle
L'océan nourrissant des blés,

Et, couronné de fleurs écloses,
Il sème de nuances roses
L'émail des champs ensoleillés.

Le front dans le ciel, un vieux.saule
Harassé courbe son épaule ;
Et l'arc de ses rameaux ombreux,
Dont la verdure croule et pleure,
Forme une voûte intérieure
Où miroitent les flots vitreux.

Le champ serein et l'eau limpide
Embrassent sa base solide :
Ses vastes flancs sont entr'ouverts.
Le hibou vit sous son écorce
Profonde ; et sur sa taille torse
Grimpe la griffe des piverts.

A travers le feuillage lisse
Qui palpite, le soleil glisse
Un treillis de rayons de feu
Qui, sur le miroir de l'eau gai e,
Se repose et s'étend, et raie
L'ombre verte qu'il teinte en bleu.

Ah ! que la paix de cet asile
Embaumerait mon cœur tranquille
Si tu m'y suivais ! — En rêvant
Nous écouterions l'eau qui jase
Accompagner la même phrase
Que nous murmurons si souvent.

Le vent, qui traverse les prées,
Caresse tes lèvres pourprées
Sous les baisers lointains des fleurs :
Effleurant ton sein de ses ailes,
Il part, et reporte vers elles
Le frais pollen de tes couleurs.

Plus d'une s'en pare, et se mire
Dans l'œil amoureux qui l'admire :
C'est que ton charme universel
Déborde et coule de ton être ;
Et toute chose qu'il pénètre
En garde un arome éternel.

Ton âme, naïve et profonde,
Déploie au regard qui la sonde
Un flot toujours limpide et clair.
L'ombre dorée, où tu reposes,
Ensoleille de vapeurs roses
Le marbre vivant de ta chair.

Dans cette eau calme qui s'écoule,
Nous pourrions, oubliant la foule,
Rêver et jouer tout un jour.
Mais il n'est plus de solitudes ;
Et les yeux libertins ou prudes
Font rougir et trembler l'amour.

Adieu le beau temps des liesses !
Adieu ! — Les hâtives vieillesses
Enténébrent nos cœurs trompés.

L'amour cherche en vain le mystère ;
Nous n'irons plus au bois, ma chère,
Car tous les lauriers sont coupés.

Ah ! lorsque les Nymphes antiques
Livraient leurs nudités pudiques
Aux baisers murmurants des eaux ;
Et, variant leurs molles poses,
Balançaient leurs poitrines roses
Sous leurs coiffures de roseaux ;

Les rêves sacrés de la Grèce
Les contemplaient avec ivresse
Sans offenser leur chasteté ;
Et, comme de blanches statues,
Les corps des femmes dévêtues
Étaient voilés par la Beauté.

Mais nous, comme une courtisane,
Nous épions au bain Suzanne
D'un regard fixe et soucieux ;
Et nos émotions brutales
Font fuir, comme un chœur de vestales,
Les saintes voluptés des yeux.

Partons ! — Choisissons pour retraite
Une chambre close et discrète,
Où les essaims de nos baisers
Volent librement sur nos lèvres.
Et fassent frissonner les lièvre
De nos désirs inapaisés !

La Nature, vaincue et triste,
N'a plus, pour l'amant et l'artiste,
Les bienveillances d'autrefois.
L'amour cherche en vain le mystère :
Les lauriers sont coupés, ma chère,
On ne peut plus aller au bois !

16 avril 1865.

XV

LE CIEL DES BAISERS

Quand, ràlant ses derniers sanglots,
Le plaisir, qui s'apaise et pleure,
Fait onduler comme les flots
Tes seins haletants qu'il effleure,

J'aime à contempler dans tes yeux,
Mouillés d'un nuage de brume,
Le rayon humide et soyeux
Qui luit, s'éteint et se rallume.

Estompant leurs lobes ternis
Où passent des splendeurs plus vives,
Je vois, dans leurs cieux infinis,
S'approfondir des perspectives.

Sous mon regard qui le poursuit,
Leur horizon fuit et s'azure
Et ta prunelle m'éblouit
D'une clarté vivante et pure.

Mon baiser, lumineux éclair,
Jaillit de ma lèvre brûlante,
File, et, dans cet horizon clair,
Suspend sa lueur vacillante.

O douleur ! que ton doigt clément
Ne déroule jamais tes voiles
Sur ces yeux, vague firmament
Dont mes baisers sont les étoiles.

21 avril 1865.

XVI

LA PRIÈRE DES YEUX

.   . ..

Le clair-obscur d'une chapelle
Ne fait plus réfléchir mes yeux;
Sans émotion, j'en épelle
Le poëme mystérieux.

La Nature, belle et divine,
En passant devant mon regard,
Sans un rayon qui l'illumine
Se revêt d'un vague brouillard.

C'est à toi seule, ô ma lumière !
Sainte splendeur de mon vrai jour,
Que mes yeux chantent leur prière —
La prière de mon amour !

5 mai 1865.

XVII

VERS PENTÉDÉCASYLLABIQUES[1]

~~~~~~

A AD. RACOT

Tous d'un vaste élan, et d'un pied hâtif, courent aux batailles,
Les frémissements de la plaine immense emplissent les airs ;
Ivre et foudroyant, le glaive vengeur, roi des funérailles,
Dépèce à la Mort le corps des vaincus, leur sang et leurs chairs.
Le canon grondant vomit des boulets ; des murs d'hommes croulent,
Les chevaux pesants, dont les pieds tonnants font le bruit des eaux
Que l'orage bat d'une aile d'éclair, s'élancent et roulent
Et dans l'horizon avec de grands cris planent des corbeaux.
Mourez ! car pour vous, sans doute, la vie eut un mauvais rêve ;
La Mort est un lit où l'on peut du moins dormir sans souci.
Plusieurs ont pensé, mais je n'en suis pas, qu'elle est une trêve
Où notre pauvre âme attend des instants meilleurs que ceux-ci.
Mourez donc, mourez ! — Mais nous, nous vivrons pour les belles choses
Nature ! à nos yeux, tes charmes divins ne sont point usés,
De charmants parfums s'élèvent encor des lèvres des roses,
Et, toujours fécond, l'arbre de l'amour fleurit de baisers.

25 mai 1865.

---

1. On aura remarqué sans doute que ces vers, composés de *quinze* syllabes, se divisent en trois hémistiches de cinq syllabes chacun. Tout en constatant notre priorité dans l'emploi de ce rhythme, nous souhaitons que la critique sérieuse et compétente daigne s'en occuper et décider s'il n'offrirait pas quelques nouvelles ressources aux formes rhythmiques de notre poésie.

XVIII

LES PAPILLONS[1]

Quelques feuilles, guirlande verte,
Environnent de leur émail
Cette jeune rose entr'ouverte,
Petite coupe de corail.

Ses pétales aux teintes blondes,
Dont la nacre rose pâlit,
Se frisent et semblent les ondes
Du frais parfum qui la remplit.

Vois-tu, soulevant de son aile
Un nuage de tourbillons,
Voler et tourner autour d'elle
L'essaim naïf des papillons.

Ainsi, pour savourer l'ivresse
Du baume de la volupté,
Mes désirs voltigent sans cesse
— Sans cesse, autour de la Beauté.

27 mai 1865.

1. L'auteur prévient que cette pièce, ainsi que le *Ciel des baisers, la Prière des yeux*, ne sont placées ici que comme spécimen d'un volume qu'il prépare sous ce titre : *Les Poëmes de la femme.*

8.

XIX

UN RAYON DANS UNE ROSE

~~~~~~

SONNET

Déplissant sa robe froissée
La Rose, à l'heure du réveil,
Relève sa tête, arrosée
Par l'ombre fraîche du sommeil :

Et les doigts de l'aube rosée
Ouvrent son calice vermeil,
Où se baigne dans la rosée
Un jeune rayon de soleil ;

Dont les caresses joviales
Font luire, à travers les pétales
Qu'il empourpre de ses clartés,

Cet infini rose et limpide
Que les lèvres des Voluptés
Déroulent sur ta joue humide.

XX

SÉRÉNITÉ

A M. FRANÇOIS FAVRE

Ἀλλα δὲ μυρία λυγρὰ κατ' ἀνθρώπους ἀλάληται,
Πλείη μὲν γὰρ γαῖα κακῶν; πλείη δὲ θάλασσα.

(ἩΣΙΟΔΟΣ. — Ἔργα καὶ Ἡμέραι.)

On dirait que ce vent vient de la mer lointaine ;
Sous des nuages blonds l'azur du ciel verdit,
Et, dans l'horizon blême, une brume incertaine
S'amasse à flots épais, se dilate et grandit.

Elle éteint le dernier éclat du soleil pâle
Qui plonge et s'enfouit dans le vague Occident :
Son front, mélancolique et noirci par le hâle,
Cache au fond du ciel gris son diadème ardent.

L'air sonore frissonne; et la Nuit souveraine
Du fond de l'Orient se lève lentement,
Elle monte et s'étend ; sa majesté sereine
D'un immense mystère emplit le firmament.

Sous ses pieds nonchalants, que les ténèbres baignent,
Le sol creux retentit, tremble au loin et frémit ;
Et de rouges éclairs, qui palpitent et saignent,
Crèvent le ciel opaque et pesant qui gémit.

La Nuit rêveuse et douce a ceint sa tête brune
D'un bandeau scintillant parsemé d'yeux ouverts;
Les rayons d'argent froid, qui tombent de la lune,
Sur ses cheveux de jais plaquent des reflets verts.

Elle allonge ses bras d'où ses voiles noirs pendent
A lents plis, imprégnés des pavots du sommeil,
Et troués de clartés mystiques, qui répandent
Sur l'ébène de l'ombre un or fauve et vermeil.

Et ce vent, qui fraîchit, vient de la mer lointaine ;
La gaze de sa robe a glissé sur les eaux,
Et déploie en traînant une odeur incertaine
De sels marins mêlés aux verdeurs des roseaux.

Et les nuages blonds se rembrunissent : l'ombre
Voit, à ses flancs grondants, serpenter des éclairs ;
On dirait d'un vaisseau voguant sur la mer sombre
Avec un bruit confus de canons et de fers.

Courbant, en mugissant, les chênes centenaires,
La Tempête, qui hurle et pleure par moment,
Précipite les lourds chariots des tonnerres
Sur les vastes pavés d'airain du firmament.

Mais, que m'importe à moi ce spectacle, ô Nature !
Le voile de l'ennui décolore mes yeux ;
Car je souffre en silence une morne torture
A vivre dans ces temps désenchantés et vieux.

J'ai senti quelquefois l'Amour, qui m'accompagne,
Hésiter et pleurer, délaissé par l'Espoir ;
Mon sentier s'obscurcit ; la Nuit, qui monte, gagne
La cime immaculée où je voudrais m'asseoir.

Si je te dis, Nature impassible et sereine :
« Bonne mère ! rends-moi plus puissant et meilleur ! »
Je vois dans tes yeux bleus, éternelle sirène,
Sourire vaguement l'éternelle douleur.

C'est pourquoi, sans amour et sans haine inutile,
Je subirai la vie ainsi qu'il sied aux forts ;
Je serai calme et fier, comme l'arbre immobile
Qui, sous les cieux changeants, croit et vit sans efforts.

12 juin 1865.

LIVRE QUATRIÈME

LES DIEUX

A JULES MICHELET

Ne pas boiter d'un monde à l'autre.

(MICHELET. — *La Bible de l'humanité.*)

I

A M. MICHELET[1]

~~~~~~~

LA SORCIÈRE

O Maître, dont la voix retrouva la *Sorcière*,
Aux bois les plus secrets couvant la Liberté,
Et, sur de vastes champs de sauge et de bruyère,
Occulte, consolant la triste Humanité ;

Maître, dont la baguette a fait jaillir de l'ombre
Son œuvre méconnu, qui préparait le jour,
Et qui s'élaborait, mystérieux et sombre,
Aux splendeurs des clartés de l'éternel Amour ;

Prenant ton livre saint comme une clef mystique,
Sans crainte, j'attaquai de front l'obscurité,
Fatiguant de ma voix l'écho cabalistique
Qui dort aux profondeurs d'un monde déserté.

1. Paru dans *la Revue du progrès* (juillet 1863).

J'avais, jeune lutteur avide de connaître,
Interrogé le sein lumineux de la Nuit,
Cherchant dans quel berceau le Jour, que l'on voit naître,
Fut par elle bercé tendrement et sans bruit.

Égaré dans ces temps où, bégayant encore,
Pan, à demi voilé, se montrait aux mortels,
Je vis l'explosion splendide de l'aurore
Sous son immense éclat éteindre les autels.

Épanchant les clartés de leurs limpides urnes,
Les jours plus radieux levaient leurs fronts vermeils,
Et, se brisant à tout, les chats-huants nocturnes
Dans leurs yeux aveuglés portaient plusieurs soleils.

Ah ! c'est que la lumière était calme, infinie ;
Pas d'ombre où l'on ne vît miroiter un rayon :
L'Univers affranchi nageait dans l'harmonie :
Pas un être inutile et qui n'eût sa chanson.

Je voyais tout cela. Mais, ô Pan ! ô Nature !
Quand un dogme ennemi trompait l'Humanité,
Et que l'Homme, parqué dans sa maigre pâture,
Avait à ses pasteurs vendu sa liberté ;

Quand, sous un ciel d'airain, où des éclairs sans foudre
Argentaient dans la nuit un *nom* mystérieux,
Humbles se prosternaient les peuples, dans la poudre
Faite et broyée avec la cendre des vieux dieux ;

Quand l'autel, entouré d'un nuage mystique,
Faisait tonner la voix des malédictions,
Et, s'armant, furieux, d'un glaive despotique,
Terrible, se dressait contre les passions ;

Lorsque les cris souffrants des âmes écrasées,
Stériles, se perdaient dans les plis des déserts,
Les désirs ne trouvant que sources épuisées,
Morne oubli dans les cieux et poisons dans les airs ;

Quand l'éternel écho des douleurs éternelles
Répondait aux soupirs des saintes voluptés,
Que le prêtre étouffait, comme des tourterelles
Dont les cols endormis sont sous l'aile abrités ;

Enfin, quand la Nature et l'Humanité lasses
Aux pieds du crucifix s'endormaient en priant,
Et que tout l'Univers gémissait des menaces
Que hurlait contre lui le temple confiant ;

O Nature ! qui donc, dans ses landes arides,
Loin des foudres de Rome et des bûchers vainqueurs,
Qui donc, rampant toujours et cachés dans les rides
Des vieux monts, inconnus aux pieds des voyageurs ;

Oui ; qui donc, abritant sa science divine
Dans les antres muets des bois mystérieux,
Que défendaient alors et le lynx et l'épine,
Et l'occulte pouvoir du futur Dieu des Dieux ;

Nature ! qui te prit sur son genou de mère
Et, berçant ton enfance au rhythme de son chant,
Couva de ton lever la vivante lumière
Quand ton ennemi mort s'éteignait au couchant ?

Ce fut la Femme encor, la berceuse éternelle,
Qui nourrit de son lait les hommes et les dieux,
Et qui, sous la chaleur féconde de son aile,
A contre les autels protégé nos aïeux.

Traqué comme Satan par leur bêtise infâme,
Pan, méconnu par tous, excepté par l'Amour,
Se blottit, effrayé, sur ton sein fort, ô Femme,
Ainsi qu'un faible oiseau poursuivi du vautour.

Et c'est là qu'il grandit : en suçant ta mamelle,
Il s'est fortifié dans sa divinité,
Et, se sentant enfin assez puissant pour elle,
Formidable, il surgit devant l'Humanité.

Aux bûchers affamés arrachant leur pâture,
Son souffle dispersa les temples détestés ;
Son seul regard brisa le glaive ; — et la Nature
Entonna l'hosannah des saintes libertés.

Oh ! que je voudrais lire à fond tous ces mystères
Que l'Inconnu sans fin roule en ses flancs constants...
Faust ! ouvre à mes regards les nuages des Mères ;
Mères ! éclairez-moi les ténèbres des Temps !

Prenant ton livre saint comme une clef mystique,
Maître ! j'en vais frapper l'immense obscurité,
Fatiguant de ma voix l'écho cabalistique
Qui dort aux profondeurs d'un monde déserté.

Paris, janvier 1863.

II

RECUEILLEMENT[1]

A ELLE

I

Ayant fini son œuvre et scruté gravement
Les futures clartés dont luit le firmament,
Le Poëte, attentif à leur splendeur sereine,
Jusqu'au fond veut sonder son âme toute pleine,
Et, de peur qu'au contact de nos réalités
Ne s'envolent, hélas ! ses rêves enchantés,
Il donne pour asile un doux amour de femme
A ces oiseaux sacrés qui chantent dans son âme.

Que ton cœur soit pour eux ce frais bosquet de fleurs,
Toujours inaccessible aux souffles des douleurs :
Nichés dans l'idéal, ils n'auront pas à craindre

---

1. Paru dans la *Revue du progrès*. Décembre 1864.

Que le serpent du mal puisse enfin les atteindre,
Et, dès l'aube, ils pourront, abrités dans leur nid,
Apprendre leur jeune aile à tenter l'Infini.

Moi, leur père, debout et contemplant l'abîme,
J'évoque ton amour, et m'assieds sur ma cime.
Je veux, en respirant les baumes de ton cœur,
Dans ta sérénité retremper ma vigueur,
Car, lorsque mon baiser va chanter sur ta lèvre,
Il y cueille un amour qui calme un peu ma fièvre.

Or, j'ai marché beaucoup ; et, revenant de loin,
Je veux me recueillir : ma pensée a besoin
Que la tienne, apaisant ma haine et ma colère
La reçoive en amie et la reçoive en mère.

II

Je sens partout, je vois toujours luire tes yeux
Tranquilles et profonds dans mon cœur radieux.
Ah ! que l'on est plus fort quand, au fond de son âme,
Comme un dépôt on cache une image de femme,
D'une femme, dont l'œil vous vêt de son amour,
Et de qui le baiser attend votre retour.
Va ! ne crains point pour moi le combat : ma pensée
Restera toujours fière ; et, jamais terrassée,
Elle ne reploira son aile sur son sein :
Car je veux jusqu'au bout accomplir mon dessein ;
Et mon âme, inflexible et ferme mais sereine,
Attend, ô Liberté, ta victoire prochaine.

Que le passé s'éveille et revienne aux combats ;
Cet athlète est poussif : — il ne nous vaincra pas.
La Révolution, tutrice maternelle,
Nous a pris sous sa garde et tend sur nous son aile :
Et, fière de sa foi, debout, la Liberté
Entr'ouvre l'avenir devant l'Humanité.

Novembre 1867

III

LE CRÉPUSCULE DES DIEUX

~~~~~~~

A SULLY PRUDHOMME

I

LES DÉBRIS DU TEMPLE.

Par delà l'Infini du Temps et de l'Espace,
Là-bas, où, sous les yeux de l'éternel Désir,
La forme impatiente apparaît et s'efface,
Et s'incarne sans fin dans tout être qui passe
Comme notre espérance et notre souvenir ;

Les MÈRES, habitant au-dessus des orages,
Descendirent pour moi de leur profond désert ;
Et leurs baguettes d'or, écartant les nuages,
Dans le morne Idéal, où dorment tous les âges,
M'ont fait lire le nôtre ainsi qu'un livre ouvert.

Voici ce que je vis : — Une rouge lumière
Cuivrait un large champ, tout couvert de débris.
Des crânes disloqués, épars dans la poussière,
Tristement grimaçaient ; et des amas de pierre
Aux jaunes ossements mêlaient leurs reflets gris.

Dans ce champ, où passaient les souffles du mystère,
Les seuls êtres vivants étaient le ver de terre,
L'if et le chat-huant ; quelquefois un corbeau
Sur l'arbre de la mort s'abat et se balance ;
Le vers rampe à ses pieds ; et le vaste silence
Berce en ses bras de plomb les dormeurs du tombeau.

Et, souvent, une tombe, en veuve désolée,
Levait sa croix de bois pour demander au ciel
D'avoir quelque pitié de son âme, envolée
Dans les lieux inconnus, où la Justice ailée
L'emporte, et la présente aux yeux de l'Éternel.

Mais le ciel dédaigneux, reployé dans sa gloire,
Aveugle et sourd, rêvait à son repos puissant.
Son implacable azur, que sa profondeur moire,
Noyait d'un rayon, jaune et froid comme l'ivoire,
La lourde immensité qui roule en gémissant.

Aux dieux victorieux qu'importe la clémence ?
— Et, pourtant, dans la plaine, une ruine immense,
Sombre, ennuyée, était gisante sur le sol.
De grands lambeaux d'arceaux regrettaient leurs portiques ;
Les colonnes pleuraient leurs vieux cintres gothiques,
Et semblaient, en boitant, s'enlever dans leur vol.

Une croix d'or rêvait dans la jaunâtre rouille
De cet air corrompu, qui noircit, ronge et souille
La pierre crevassée et les ors écaillés.
Les doigts crochus du Temps, l'aile de la Tempête
Ont arraché le nom, qu'on lisait sur le faîte
De l'autel, accroupi comme un bœuf dans les blés.

9.

Et cet autel désert n'est qu'un débris ! — Au centre.
Un tombeau de granit dormait, prodigieux.
Les pieds gris de la croix fouillaient son large ventre :
Le pavé des chemins, conduisant à cet antre,
Avait été rongé des pas religieux.

Au bas de ce tombeau, croix, ostensoirs et cierges
Ont été, dans le temps, oubliés par les morts.
De grossiers vêtements, bures, lins blancs et serges,
Batistes, qui voilaient le front charmant des vierges,
Cendres, s'étaient mêlés aux cendres du dehors.

Le bourdon se taisait dans la nuit des tourelles ;
Et les Regrets, traînant péniblement leurs ailes,
S'égaraient, au milieu des débris dispersés ;
Le Temps silencieux, dans ces déserts sans borne,
Laissait pendre à plis droits sa tunique, plus morne
Que les voiles, tombant le long des mâts lassés.

Je contemplais ces morts, moi, seule âme vivante !
L'Écho se réveilla dans un cri d'épouvante.
L'ancien temple frémit : le silence attristé
Hurla lugubrement ; et, dans la solitude,
L'Écho sourd répéta dans un cri rauque et rude :
— « Pan est ressuscité ! — Pan est ressuscité ! »

Ce nom, — commotion étrange et magnétique !
Fit gronder le bourdon, ébranla le tombeau ;
Le hibou soupira son cri mélancolique ;
La Mort se redressa de son sommeil antique ;
Et l'if épouvanté trembla sous son corbeau.

Mais le Temps, reprenant son œuvre universelle,
Secoua, tout joyeux, la poudre de son aile ;
Grandissant, il cria : — « Le jour est arrivé ! »
Une rose lumière, éclatant à l'aurore,
Combattant les brouillards qui résistaient encore,
Vint apprendre à la mort que l'homme était sauvé !

Soudain, le grand tombeau fit soulever sa pierre ;
Un spectre décharné se dressa : — la poussière
Recouvrait son linceul noirâtre et déchiré.
Le spectre regarda ; sa voix, creuse et profonde,
S'élevant au milieu d'un silence sacré,
Sombre, maudit ainsi l'aube du Nouveau Monde !

II

LES LARMES DE JÉSUS.

Qui vient troubler ainsi la paix de mon tombeau ?
Quelle voix me réveille ? et quel vivant flambeau
    Attaque mes ombres funèbres ?
Le jour du jugement n'est pas encor venu.
Pourtant voici qu'un nom, autrefois bien connu,
    Éclate au sein de mes ténèbres.

Pan ! le grand Pan !... jadis, quand le monde étonné
Vit s'élever mon front, par l'aube couronné,
    Au-dessus des temples antiques,
On entendit des voix qui pleuraient : — « Pan est mort ! »
Et moi, calme, serein, patient dans le sort,
    J'en ai cru les voix prophétiques.

Aux feux de mon aurore empourprant ma fierté,
J'ai gravi la montagne ; et là, triste, arrêté
    Devant le spectacle du monde,
Ma voix fit répéter à la voix des échos
Ce grand cri : — « *Pan est mort !* » et, marchant sur les flots,
    J'y semai ma graine féconde.

La vague, en se courbant sous mon pied, murmura ;
Tout, l'eau, l'air et le feu,... la Nature pleura ;
    Mais, les ployant sous ma main forte,
— « Pan est mort ! — m'écriai-je ; — et c'est moi qui suis Dieu !
» Et je purifierai, par l'eau, l'air et le feu,
    » Le corps de la Nature morte ! »

Or, ceci se passait sur l'immense océan ;
Les flots verts se tordaient dans l'abîme géant :
    Les vents râlaient dans la tempête.
L'air gémissait ; la terre était triste ; et le ciel
Avait interrompu son ordre universel ;
    Les astres pleuraient sur ma tête !

L'Homme effrayé rêvait ; et les pâles cités,
Muettes, écoutaient leurs flancs épouvantés
    Rugir de discordes civiles.
Sous le poids du destin, les Esprits harassés
Ployaient et s'affaissaient et s'écriaient : — Assez !
    Les déserts dévoraient les villes !

Et la Mort, se mettant à son œuvre divin,
Moissonneuse de Dieu, ramassait en chemin
    Des gerbes d'âmes douloureuses ;

Selon l'ordre d'en haut, elle les répandait
Aux pieds de Belzebuth, qui toujours demandait
   Les récoltes les plus nombreuses.

« Ah ! malheur ! m'écriai-je ; ah ! malheur à tous ceux
» Qui n'ont conçu pour Dieu qu'un amour paresseux ;
   » A tous ceux dont la bouche impie,
» Au lieu d'user sa lèvre à baiser les autels,
» Voluptueusement goûte aux poisons mortels
   » Et s'enivre de cette vie.

» Oui, maudits ! soyez-le ; vous, hommes de plaisirs,
» Que le démon d'amour souille de ses désirs ;
   » Maudites soyez-vous, ô femmes,
» Dont un amant, promis aux supplices brûlants,
» Flétrit le sein impur, et fait gonfler les flancs
   » Dans des embrassements infâmes.

» Mères, femmes, soyez maudites à jamais !
» Maudit soit votre cœur ! maudits soient vos attraits !
   » Trois fois maudites vos mamelles !
» Puisque vous l'oubliez dans l'ivresse des sens,
» Dieu furieux se lève, armant ses bras puissants
   . » De ses vengeances éternelles !

» Le Seigneur Dieu, qui règne au sein de l'Infini,
» A maudit toute chair ; l'homme seul est béni
   » Qui se consacre à la prière ;
» Et qui, vivant, s'enterre avec sa passion,
» Dans le morne tombeau de l'abnégation,
   » Sachant que tout n'est que poussière.

» L'amour et le travail, vanité, vanité !

» A genoux, ô mortels. La sainte oisiveté
   » Vous ouvre le ciel moins sévère.

» Et le mépris sacré des choses d'ici-bas

» De leur fardeau stérile allégera vos pas
   » Au montant de l'âpre Calvaire. »

Ainsi je leur parlais à ces hommes d'alors :

Tous vinrent dans mon temple ; et, pourtant, au dehors,
   J'entendais les chevaux barbares

Pétrir terriblement, sous leurs sabots d'airain,

Le cadavre gisant de l'empire romain
   Dans la poudre de ses dieux lares.

Toute famille avait déserté son foyer :

Dans un ciel sombre et lourd, les éclairs de l'acier
   Teintaient d'un jour terne et livide

L'immense humanité qui, seule, sans abris,

Sans dieux, en sanglotant, rampait dans les débris
   Que tâtonnait sa main avide.

Un seul pleur s'élevait de tout le genre humain :

Au fond de mon désert, je l'entendis. Soudain
   Je gravis encor la montagne :

Je parcourus des yeux les nations en deuil :

Hélas ! à tous ces maux je reconnus *Orgueil*
   Ayant *Cruauté* pour compagne.

L'auréole de Dieu descendit dans mon cœur :

La croix sanctifia ma suprême douleur.
   Alors, pour mes adieux funèbres,

J'appelai les mortels ; ils levèrent les yeux
Et virent, étonnés, mon signe glorieux
    Flamber par-dessus leurs ténèbres.

Et ces doux mots d'espoir, de Bonheur éternel,
Sainte manne tombant pour nourrir Israël,
    Consolèrent leurs épouvantes.
Ils vinrent à genoux les cueillir sous ma croix :
Le Temple, cependant, s'entr'ouvrait à ma voix
    Pour engloutir leurs morts vivantes.

Et tous, comme brebis qui rentrent au bercail,
S'enfoncèrent, joyeux, sous la nuit du portail
    Où j'avais sculpté ma lumière ;
Et le soleil vivant, ardemment coloré
Par le vitrail mystique au prisme diapré,
    Teintait de vague la prière !

L'encens harmonieux les endormait encor ;
Leurs rêves se berçaient dans un nuage d'or
    Tout enténébré de mystère ;
Et les chants sourds des chœurs, grondant dans les échos,
Vastes, semblaient rouler leurs immortels sanglots
    Entre le Seigneur et la terre.

Et là, devant les yeux du Seigneur courroucé,
Leur humilité sainte oubliait le passé
    Pour une espérance future.
La foudre de l'autel tuait la Liberté ;
Et le manteau glacé de la stérilité
    Étouffait l'immense nature.

Or, le monde était calme ; et toute passion
N'en pouvant plus, râlait ; car sous ma pression
    S'enfuyait la vie étranglée.
Ah ! l'homme était heureux et Jéhovah content !
Chaque jour arrachait aux griffes de Satan
    Une brebis moins aveuglée.

Ah ! que me veux-tu donc toi, Pan, que j'ai vaincu !
Nature, jusqu'ici comment as-tu vécu ?
    Comment n'es-tu pas encor morte ?
Que viens-tu me troubler dans ma sérénité ?
Frémis ! — j'ai pour appui la vide Éternité,
    Et l'Enfer va t'ouvrir sa porte !

Mais où donc êtes-vous, vous tous qui m'avez cru ?
Dans un pli de l'orage avez-vous disparu ?...
    Brisez-lui le front sur la pierre !
Hélas ! où donc sont-ils ?... Je n'entends ni ne vois...
Le Silence et la Mort, pour répondre à ma voix,
    Seuls se dressent de la poussière.

Hélas ! où donc mon Temple ?... Ah ! ruine partout !
Ma croix, tout écaillée, est à peine debout.
    L'autel et le Dieu, tout est cendre...
Les souffles de la nuit ont éteint mon flambeau.
O Nature, tu peux me jeter au tombeau ;
    Mais moi je n'y veux pas descendre [1].

---

1. Tout ce morceau (*les larmes de Jésus*) a paru dans la *Revue du Progrès*
(août 1863.)

III

LA LUTTE DES DEUX LUMIÈRES.

Pâle, il parlait ainsi ; son visage blafard
S'estompait vaguement d'un voile de brouillard,
Et ses bras désolés, maigris par la mort blème,
Invoquaient un Dieu mort dans un ciel mort lui-même ;
Et l'antique clarté, jaunissant, se fondait
Dans les pourpres lueurs que Nature épandait.

C'était un grand spectacle à ravir toutes âmes
Que la lutte, acharnée et morne, des deux flammes,
Dont l'une était boueuse et teinte mollement
De l'azur pâlissant de l'ancien firmament ;
Dont l'autre, jeune encor quoique étant éternelle,
Splendide, mélangeait toute couleur en elle.
Elle allait grandissant ; et Lui, tout éploré,
Voyait s'évanouir le demi-jour sacré.
L'auréole, jadis ceignant sa tête sainte,
Par la clarté nouvelle était enfin éteinte,
Et, se décolorant sous les splendeurs du jour,
Les débris de la croix s'éclipsaient à leur tour.
L'Orient, empourpré du combat de l'Aurore,
Était plein de soleil ; et, résistant encore,
L'Occident se voilait d'un rayon vaporeux ;
Et la Nuit indécise, où circulaient des feux
Pareils aux feux follets hantant un cimetière,
S'éclairait, par instants, d'une vague lumière

Qui ressemblait, mêlée aux brumes du levant,
A des glaives de sang que l'on voit en rêvant.

Et Lui, toujours debout, triste et baissant la tête,
D'un regard résigné contemplait sa défaite :
Il sentait son cœur vide, et voyait, tout détruit,
Son temple déserté s'écrouler dans la nuit.
Prophète, tu pleurais. Esprit aux blanches ailes,
Ton rêve recherchait ces voûtes éternelles,
Où, sur la croix de bois de ta divinité,
Tu clouas autrefois la sainte Humanité.

En pleurant, tu songeais à ton temple en poussière.

Tout à coup, une voix, du fond de la lumière
Qui toujours contre toi vient plus forte et grandit,
Formidable, et pourtant douce, te répondit.

Tes yeux cherchent en vain qui te parle ?

                                        — Personne !
Ce n'est pas Jéhovah sur son Sina qui tonne ;
Ni sur son fier lotos Brahma, ni Jupiter
Entouré du manteau de l'invisible éther ;

Autour de toi, regarde, écoute en ce silence.

Cette voix est un chœur ; elle est le chœur immense
Que forme de la terre au ciel tout l'Univers ;
Tous s'y mêlent, selon leurs échelons divers,
Jusqu'à l'être inconnu que sa profondeur voile :
La fleur, humble, applaudit aux strophes de l'étoile,
Et les cris de l'insecte et les chants de l'oiseau
Aux lents susurrements de la terre et de l'eau.

La voix mâle de l'homme, éblouie et profonde,
Pivot harmonieux de ce terrestre monde,
Se fond dans tous ces bruits qui sortent, radieux,
Du ventre de la terre et du lointain des cieux.
Dans ses chants fraternels la Nature est unie,
Et l'Homme, coryphée, en guide l'harmonie.
Il est l'âme sans fond de ce Tout-Éternel,
Et lui seul est la voix du chœur universel.

Écrasant de clartés tes lumières éteintes,
La Nature te parle et répond à tes plaintes.

IV

LA NATURE.

1

Oui ! c'est moi qui l'emporte ; — et le temps est passé
Où je craignais encor ton triomphe insensé ;
Où, sur ses forts genoux, la sorcière, nourrice,
M'abritait sous le deuil de sa nuit protectrice,
Et berçait, dans sa foi, pour la postérité,
L'enfant que lui légua la mâle antiquité.
Elle me présenta dans les banquets des sages ;
J'ai grandi lentement, à travers tous les âges.
Les voiles, qui cachaient mon immortalité,
Se déchirent enfin devant l'Humanité,
Et l'Homme, me voyant m'élever sans mesure,
Admira, stupéfait, l'éternel Dieu-Nature !

2

En vain chercherait-on à me vaincre aujourd'hui :
Ma force irrésistible a conquis l'âme humaine ;
Voici que mon Aurore implacable et sereine
Disperse les brouillards où son rayon a lui.
La sainte vérité laisse tomber ses voiles.
Fatigués des douleurs d'une nuit sans étoiles,
Enfin, les yeux humains veulent voir le grand jour.
On ne peut plus sur eux passer le feu du glaive ;
La Nuit sombre est domptée et le soleil se lève.
Tous les dieux vont dormir dans l'ombre tour à tour ;
Et, soulevant là-bas les lents rideaux du rêve,
Surgit, resplendissant, l'universel Amour.

3

Jadis, perdue aux cieux, la pieuse prière
Comme un fléau de Dieu maudissait la matière,
Et les fouets, les bûchers, et les maux incessants
Dévouaient à l'enfer la raison et les sens.
Convoquant les mortels dans des cloîtres stériles,
Le culte dépeuplait la campagne et les villes ;
Les hommes, désertant les devoirs des foyers,
Dans la mort des couvents s'endormaient tout entiers ;
Là, vaincus par l'ennui que le travail surmonte,
Ils dormaient dans le lit tout fangeux de leur honte,
Et, lâches renégats de leur virilité,
Ils se laissaient croupir dans l'inutilité.

4

Mais je viens délivrer de chaînes meurtrissantes
La chair crucifiée à la croix de Jésus ;
Et de mon saint flambeau les lumières croissantes
Envahissent l'autel — que rien n'éclaire plus.
Comme une feuille morte, et que le vent emporte,
L'esprit s'est détaché, mort, de la lettre morte.
— Où s'est-il envolé ?

                         — Pourquoi le cherchez-vous ?
Car il est là sans doute où les cultes sont tous.
Il est allé mêler sa poussière féconde
Au chaos fermentant des révolutions ;
Car, rien ne périssant, tout poursuit dans le monde
Le cercle indéfini des transformations.

5

Le corps, ressuscité de l'antique anathème,
S'est purgé du passé dans la Nature même ;
La force renaquit dans ses nerfs frémissants,
Et, rajeuni, son cœur a rajeuni ses sens.
Se vengeant de ses maux dans une vaste orgie,
Revenant de la mort il s'est soûlé de vie,
Et, de la tyrannie esclave révolté,
Comme de vie il s'est soûlé de liberté.
Mais vous, n'accusez pas sa haine et sa colère !
Moi, je dis qu'il fallait des efforts insensés,
Pour enfanter, Nature, ô magnanime mère !
L'Adam nouveau, grandi dans tes flancs engrossés !

6

Homme ! je viens enfin finir ton mauvais rêve.
Je viens te raffermir, et, libre, je me lève. .
Et je dis : — « C'est assez ! Dieu doit être repu ! »
Et je pris en ma main le glaive, — et l'ai rompu
Et comme j'entendais, dans le temple nocturne
Gronder impuissamment sa foudre taciturne,
Mon souffle l'éteignit. — Tout rentra dans la Nuit,
Et, plus sage, l'autel ne faisait aucun bruit.
Le prêtre doucement vidait le saint ciboire ;
Les anges parlaient bas dans leurs limbes de gloire ;
La morne solitude étouffait tous les cris
Et le Temple muet dormait dans ses débris.

7

Mais voici qu'aujourd'hui le passé se réveille ;
Fantôme, il veut encor combattre les vivants ;
Il se traîne rampant, et buvant de l'oreille
Les tumultes confus apportés par les vents.
Et toi, quittant le sein de la Mort qui t'embrasse,
Pâle, sombre, n'ayant qu'un linceul pour cuirasse,
Ta douleur l'encourage au combat insensé.
Mais lui-même, là-bas, ne t'entend plus qu'à peine :
A travers le rideau de ma splendeur sereine
Il ne distingue plus ton rayon éclipsé ;
Et, mort, enseveli dans son ombre plénière,
Attaque aveuglément la Vie et la Lumière.

8

Tu devrais, abdiquant les orgueils de ta foi,
Laisser le temps nouveau, qui ne veut plus de toi.
Spectre des temps passés, retourne dans la tombe;
Veux-tu qu'un jeune sang arrose tes autels,
Et que, sous ses débris, ton temple qui succombe,
Écrase en s'écroulant des peuples de mortels ?

Quand les temps ont sonné ;—quand la Raison humaine
Se cabre, en frémissant, sous la foi qui la mène ;
Quand son regard plus sûr voit une autre clarté,
Et qu'au delà du cercle où son Dieu la resserre,
Elle hasarde un bond fougueux et nécessaire,
Pour atteindre plus loin la jeune Vérité ;

9

Quand, aux troubles lueurs d'un vague crépuscule,
Son examen hardi rejette une formule
Qui, vide désormais, n'a plus rien de sacré ;
Quand, cavale sans frein qui court avec des ailes,
Elle plonge, éperdue, aux plaines éternelles,
Où fuit son Idéal, encore enténébré ;
Ah ! c'est pitié de voir s'essouffler après elle
Le passé demi-mort qui, tout boiteux, chancelle,
Criant, se lamentant et l'insultant de loin ;
Puis qui, n'en pouvant plus de colère et de haine,
S'affaisse ; et, haletant, sans voix et sans haleine,
Moribond, la menace et de l'œil et du poing.

10

Rappelle-toi le temps où ta forte parole
Fit osciller les pieds d'airain du Capitole,
Quand Rome, chancelante aux souffles d'Orient,
Terrible, s'appuyant à ses dieux séculaires,
Massacrait tes soldats qui, contre ses colères,
Luttaient avec la croix et mouraient en priant.
Tu venais, détrônant la vanité de Rome,
Dresser sur ses débris l'égalité de l'homme.
— Car ce fut là ta gloire et ton œuvre, ô Jésus ! —
Souviens-t'en aujourd'hui, que l'exemple t'instruise.
La Mort inévitable a frappé ton Église,
Et l'herbe des oublis croîtra bientôt dessus.

11

Pour... donc, en ton nom, renouveler la lutte ?
Pourquoi, te préparant une plus lourde chute,
Tacher d'un sang honteux ton noble souvenir?
Veux-tu qu'en sa fureur la Liberté t'accuse
D'aiguiser le poignard et de pétrir la ruse
Dont les Pharisiens menacent l'avenir?
Veux-tu, qu'associant ton image à leurs crimes,
Ton nom soit, ainsi qu'eux, maudit par leurs victimes,
Et que des siècles, morts dans l'horreur de ta foi,
La malédiction s'élève contre toi ?
Songe ! — et, sachant à qui reviendra la victoire,
Habite au-dessus d'eux, les hauteurs de ta gloire.

12

Symbole, d'où l'idée est absente aujourd'hui,
Sur le saint Golgotha va reployer ton aile ;
Voilant dans le passé ton culte évanoui,
Laisse fleurir en paix la Nature éternelle.
Je conquiers le Présent ; l'avenir est à moi :
Et l'Esprit révolté ne veut plus aucun roi ;
Le Néant, évoqué par les sceptres des MÈRES,
Rappelle tous les dieux déchus de leurs chimères :
Le chaos les refond dans son creuset de feu,
Et l'Amour, avec moi renouvelant la vie,
Réveille l'Univers tombé de léthargie,
Somnambule éternel magnétisé par Dieu !

13

Tous les dieux ont perdu leur puissance sublime,
Et la divinité s'effeuille dans l'abîme ;
Et, secouant ses reins, la forte Humanité
Laboure éperdument les champs de Liberté.
Les chevaux du travail y traînent sa charrue ;
Le soleil du Progrès féconde les épis ;
Les bruits de la campagne et les bruits de la rue
Réveillent les esprits et les bras assoupis.
Le front fier du poëte apporte l'auréole
Dans l'usine, où le fer répond à sa chanson ;
Instruisant l'ouvrier, l'art, divin échanson,
Dans la coupe du Beau lui verse la parole.

14

En immortel serpent haché par les faux dieux,
Longtemps l'Humanité, divisée et vaincue,
Se rassemble à ma voix, et, par-dessus la nue,
Dresse sa tête énorme et fait flamber ses yeux ;
Et, pendant que son corps enveloppe la terre,
Cherche son ancien Dieu dans son ciel solitaire.
Mais, toi, tu ne peux plus offrir à ses regards
Qu'une obscure clarté condensée en brouillards ;
Et son front obstiné monte encor, monte encore !
Il monte, et voit partout l'Éternel Infini,
Et sa main, en fouillant le berceau de l'aurore,
Brise les œufs divins endormis dans leur nid.

15

Et, tandis que son œil fouillait les cieux immenses,
Son pied interrogeait le chaos des enfers ;
Comme le Dieu, Satan était mort. Les vengeances
N'apprêtaient plus les eaux, les flammes et les fers.
Le Néant n'ouvrait plus aux souffrances humaines
Ses brûlantes ardeurs, vides enfin de peines.
Archanges et démons, dissipés par le jour,
Spectres, avaient suivi leur Dieu, spectre à son tour ;
Et l'on ne voyait plus leurs lointaines lumières
Dorer les brouillards bleus de longs regards de miel,
Ni l'essaim blanc et pur des boiteuses Prières
Gravir, en gémissant, les lents chemins du ciel.

16

Enfin l'Homme est plus fort ! La raison de son âme
Ne s'atrophira plus dans le rêve insensé.
Se faisant plus humain, il se fait moins infâme :
Et, sur le droit commun ayant assis la femme,
Il jette à tous les vents les codes du passé ;
La sainte Liberté, voilà sa loi nouvelle !
L'égoïsme brutal, vaincu sinon chassé,
Se fond dans la patrie humaine universelle.
Chacun trouve un appui dans tous, tous dans chacun.
Le travail, repoussé par tes mépris stériles,
De son égalité n'excluant plus aucun,
Donne un juste pivot aux concordes civiles.

17

Voilà ce que je dis aux humains, ô Jésus !
Je leur dis : — « Déployez vos puissances suprêmes !
» Aimez ! pensez ! rêvez ! gouvernez-vous vous-mêmes :
» Vous seuls vous existez et vos dieux ne sont plus !
» Nul n'immolera plus aux symboles antiques
» Les couples radieux des désirs immortels !
» Et ne courbera plus, sous les fardeaux mystiques,
» La foule des esprits, affranchis des autels.
» En groupes amoureux, les âmes envolées
» Égrènent le chemin qui mène à l'Idéal;
» Et les vastes essors des passions ailées
» S'allégent, en montant, du lourd manteau du mal. »

18

Quand le soleil s'unit à la terre nubile,
Les arbres fécondés se chargent de produits :
Ainsi la Liberté, grand soleil immobile,
Épanouit tout l'homme et fait fleurir ses fruits.
Bûcherons maladroits, les antiques systèmes
Grimpant dans l'arbre humain émondaient ses rameaux;
Et leur cognée impie abattait ceux-là mêmes
Où les fleurs abritaient les chansons des oiseaux;
Si bien que, dénudé, l'Homme était comme un chêne
Que la foudre du ciel a souvent déchiré
Et que pas une feuille, à sa cime hautaine,
N'eût osé reverdir contre l'ordre sacré.

19

Mais l'orage, au lointain préparant son tonnerre,
A fondu tout à coup. Il a tout emporté.
Comme une feuille morte, il a roulé sur terre
Les sages et les dieux du passé dévasté.
Et l'arbre se redresse; et ses branches foisonnent;
Les ailes des oiseaux palpitent dans leur nid ;
Des fleurs subitement surgissent et frissonnent
Sous le frémissement fécond de l'Infini.
Et plus haut il s'élève; et le lin blanc des nues
Estompe les flancs noirs de son tronc qui grandit :
On voit, dans ses rameaux, des lueurs inconnues;
A son faîte, une aurore immense resplendit.

20

Les vieux jours révolus mêlent à cette aurore
En tremblantes lueurs leur couchant attiédi,
Et, dans quelques rayons, ils survivront encore
Aux splendeurs que jadis étalait leur midi.
Ainsi le jour naissant, dans ses clartés nouvelles,
Fusionne et transforme, au son des chants sacrés,
Les blêmes souvenirs des clartés éternelles,
Qu'il dévêt des brouillards dont ils sont entourés.
L'âme des anciens dieux ne meurt point tout entière ;
Et, chacun contenant un peu de vérité,
Reparaît transformé dans la jeune Lumière
Qui l'épure et l'absorbe en sa sérénité.

21

Jésus ! tel est ton sort ; réfléchis et contemple ;
Ton front déjà pâlit ; et la Nuit, qui s'en va,
Entraîne en son tombeau, désormais leur seul temple,
La vieille arche des lois et le vieux Jéhova ;
Il ne restera d'eux qu'une lueur, plus pâle
Qu'un blanc rayon du jour dans les brumes d'hivers,
Ou qu'un des voiles blancs que la lune d'opale
Suspend négligemment aux bras des arbres verts.
O Jésus ! la Lumière arrive — et la Justice ;
Avec ta conscience attends leur jugement.
— Si contre l'avenir tu n'entres pas en lice,
L'avenir, envers toi, sera doux et clément.

V

LE CRÉPUSCULE.

L'immense voix se tut : comme un orgue sonore
Qui, lorsqu'il a cessé, bourdonne et vibre encore,
On entendait tonner, dans l'air retentissant,
Les ondulations de son écho puissant :
Et l'ombre pâlissait, et déployait ses voiles
Vers le morne Occident ; et les rouges étoiles
Pétillaient au lointain dans un noir tourbillon
Que les vents furieux poussaient vers l'horizon ;
Car les vents, serviteurs dociles des orages,
Sont les légers pasteurs du troupeau des nuages ;
Et l'aurore nouvelle arrivait à grands pas ;
Et Jésus, vers le ciel tenant ouverts ses bras,
Sentait son front pesant, dévêtu d'auréole,
Se courber ; et le vent emportait sa parole
Dans le murmure long, indicible et confus,
Que les Jeunes Rayons apportaient dans leur flux ;
On eût dit qu'ils parlaient entre eux ; et dans les nues
Lointaines, qui fuyaient, des langues inconnues
Bégayaient on ne sait quels sourds gémissements
Lamentables, pareils aux longs bruissements
De la pluie orageuse et lourde qui ruisselle
Sur le feuillage épais qui pleure et qui chancelle :
Et puis, comme un manteau déchiré par les vents,
L'auréole de Christ fluait en plis mouvants

Et, par larges lambeaux, s'envolait ; et les ombres
Voulaient les entraîner au gouffre, où les décombres
Dorment dans le sommeil du Néant Éternel ;
Mais la Lumière, alors, ayant conquis le ciel,
Saisissait à son tour ces lambeaux ; et la lutte
S'acharnait ; et Jésus chancelait, et sa chute
Menaçante emplissait de terreur l'horizon
Où l'orage grondant courait comme un frisson.

Il ne restait plus rien de l'auréole sainte ;
Une partie était dans la nuit pâle éteinte,
Et l'autre, ainsi qu'un jour va dans l'Éternité.
Au sein de l'aube immense a fondu sa clarté ;
Jésus survit ainsi dans l'innombrable abîme
Où chaque Dieu mêla sa lueur anonyme,
Car l'idée est vivante et le nom seul périt.

— Ainsi s'est accompli tout ce qui fut écrit !

VI

LE POETE A L'HOMME.

1

Et le Poëte, alors, debout sur une tombe,
Songe ; — il songe aux splendeurs passagères des Dieux.
— Ils s'usent à grand'peine à conquérir les cieux ;
Et chacun à son tour monte, s'assied, et tombe.

Sitôt qu'ils sont vainqueurs, ils font grand bruit là-haut :
Ils menacent l'esprit humain de leurs colères ;
D'un pas terrible, ils vont, arpentant leur tréteau,
Comme les histrions des foires populaires.
Sur tes genoux muets, railleuse Éternité,
Ils s'enivrent du vin puissant que ta main verse,
Et te disent : — « Allons ! ô Vierge, que l'on berce
» Dans les cieux incessants notre immortalité ! »

2

Et toi, qui sais combien durent les éphémères,
Tu berces lentement ces spectres de l'esprit ;
Tu regardes en bas, et ton regard sourit
Aux efforts successifs où s'épuisent les MÈRES.
Leur creuset, d'où les Dieux s'élèvent jusqu'à toi,
Recommence sans fin son œuvre mécontente,
Et le cosmos entier, type, pensée et loi,
Y cherche, sans l'atteindre, une forme constante ;
Les MÈRES, en tremblant, fixent vers toi les yeux,
Et ta perfection suprême leur révèle
Chaque jour, longuement, une beauté nouvelle,
— Qui couvre de néant les formes de leurs dieux.

3

Or, voyant que les temps sont venus, tu secoues
L'azur immaculé qui vêt ton infini ;
Et, comme des oiseaux renversés de leur nid,
Les dieux tombent, brisés, des plis que tu dénoues.

Ils viennent se refondre au creuset, où l'Esprit
Poursuit obstinément la synthèse idéale ;
Car, selon Pythagore, un être ne périt
Que pour reprendre encore une forme fatale.
Hégel nous a montré la sainte ascension
Des virtualités, incessamment actives,
Vers un type éternel ; et l'homme, mer sans rives,
Se déroulant sans fin vers la Perfection.

4

Homme ! ne courbe plus ton front sous le mystère ;
Écarte de ta main les voiles des brouillards
Dont la mollesse opaque obscurcit tes regards,
Et pose ton pas fier sur le sein de la terre.
Laisse, aux pieds des autels, dormir les anciens temps,
Blêmes géants, couchés dans la pourpre aurorale,
Pareils aux larges monts que, de rayons flottants,
Couronne tristement la lune sépulcrale.
Ne pleure point le cours des astres révolus ;
Les orbites des dieux sont enfin effacées.
— Regarde dans ton cœur : l'essaim de tes pensées
S'envole du présent et n'y rentrera plus.

5

Certes, tu peux, tu dois, ô pèlerin des âges,
Une lampe à la main, plonger dans le passé,
Où des traditions le fil est enlacé ;
Heurte sur les tombeaux ton bâton de voyages.

Sonde, en tous leurs replis, ces pays de la Mort :
Dans la cendre des temps dorment des étincelles
Qui peuvent, éclairant les routes de ton sort,
Fournir à tes flambeaux quelques clartés nouvelles.
Le savoir du passé guide vers l'avenir :
Tu te connais toi-même en connaissant tes pères :
N'apporte point contre eux ces haines, ces colères,
Dont usa trop souvent ce temps qui va finir.

6

Mais viens, avec respect, dans les temples antiques,
Soulever, en chantant, les voiles de l'autel ;
Et, pour épanouir le front de l'Immortel,
Allume les encens dans les trépieds mystiques.
Pour pouvoir pénétrer jusqu'aux berceaux des dieux
Revêts à ton esprit l'enfance primitive ;
Écoute se parler, en chants mélodieux,
L'Esprit contemplateur et la Nature active.
Les formes ont surgi du sein du premier jour :
Les dieux ont habité l'infini du mystère ;
Peuplade errante et vague, ils ont conquis la terre,
Et, dans chaque symbole, ont choisi leur séjour.

7

O Dieux ! malheur à ceux qui s'en vont par les routes
Lapidant vos autels et raillant vos tombeaux ;
L'amour et le respect sont les deux seuls flambeaux
Qui puissent éclaircir les ténèbres des doutes

Les vieux sphinx éternels, assis sur vos degrés,
Rêvent nonchalamment à l'ombre des portiques.
Et d'une vague nuit leurs yeux enténébrés
Regardent s'accomplir les rites prophétiques.
Ils conservent en eux leur savoir amassé ;
Premiers-nés du chaos, frères jumeaux des âges,
Ils ont, à leur école, enseigné tous les sages,
Et leurs dos ont porté tout le poids du passé.

8

Mais si l'on veut, ô Sphinx ! que vos lèvres sacrées
Laissent se dérouler les mystères des Temps,
Il faut, comme autrefois, en de longs chœurs chantants,
Déposer devant vous les offres consacrées.
Ils ne répondent point aux ordres de l'orgueil ;
Lêur science muette est fermée aux injures :
L'homme croit-il savoir les secrets du cercueil
Parce qu'il arracha les morts des sépultures ?
O symboles vivants ! vous expliquez, vous seuls,
L'hiéroglyphe immense incrusté dans les tombes,
Que le Temps, Dieu funèbre avide d'hécatombes,
Croyait si bien céler sous les plis des linceuls.

9

Devant vous, le poëte incline son front pâle ;
Il sait bien que les dieux sont éteints aujourd'hui ;
La grande Nuit antique, où leurs clartés ont lui,
Se cache, par delà la Mer Occidentale ;

Entraînant dans ses plis les confuses cités,
Les ébauches encore informes du vieux monde,
Elle va s'affaisser, dans ses difformités,
Aux plus lointains confins de la Mort inféconde.
La victoire des Dieux, fleurs des impurs limons,
A dévêtu l'Esprit des langes chaotiques,
Et les premiers humains, sur leurs traces mystiques,
Atteignirent le seuil des jeunes horizons.

10

Ce qu'on aimait en vous, Dieux ; — ce que le poëte
Cherche et respecte encor, c'est votre Humanité ;
Simulacres grossiers, on sent l'Éternité
Soulever sourdement votre forme inquiète.
Vous fûtes bons un jour, fauves vainqueurs des maux !
Fils des premières mœurs, nés aux berceaux des rêves,
Vous descendez, en file et comme des troupeaux,
Le long torrent des Temps, entre les chants des grèves ;
Et la sainte Nature, en vous voyant, sourit,
Salue, et reconnaît les races primitives
Qui surent employer leurs volontés actives
A l'accomplissement des œuvres de l'Esprit !

11

Mais, ayant abdiqué les orgueils de vos cultes,
Habitez désormais le ciel du souvenir :
Car l'Homme, pèlerin fidèle à l'avenir,
Se dépouillant enfin des ténèbres occultes,

Ne veut pas, rebroussant le chemin écoulé,
Dans la première nuit retrouver l'ignorance,
Et, revenant encor vers l'autel isolé,
Renoncer à vos pieds la nouvelle espérance.
Il veut de votre lèvre apprendre son passé ;
Pour lui, vous admirer c'est s'admirer lui-même :
Il vous porte avec lui, sans haine et sans blasphème,
Ainsi qu'un vieux trésor lentement amassé.

12

Et toi, Nature, ô mère insondable et sublime !
Ne te vante pas tant de ton pouvoir sacré.
L'enfant, qu'aux premiers temps le mystère a créé
Tend son front lumineux vers ta plus haute cime.
Comme les autres Dieux, ô Mère ! il te vaincra :
Embrassant du regard la spirale infinie,
De sommets en sommets ton fils pénétrera
Dans l'azur incessant de l'immense harmonie.
Le Dieu de l'Idéal, terme de son destin,
Montre sa face auguste au faîte de l'échelle ;
Et l'homme, poursuivant la lumière éternelle,
Gravit vers lui sans cesse, et gravira sans fin.

1863-1864.

IV

LE RÈGNE DE LA FEMME

A MADAME BELLON-CROMBACH

Voici, voici venir le règne de la femme !
Elle pose les pieds sur notre race infâme,
Et le souffle puissant des saintes libertés
Va dessécher soudain nos marais infectés.
La Femme va venir ! c'est la grande nouvelle !
Elle ouvre à tes regards une route plus belle,
Sublime humanité ! — Le sacro-saint amour
Va chasser tous les dieux et régner à son tour,
Et malheur aux mauvais. — Il ne sera plus d'ombre
Qui les puisse abriter. Balayant tout décombre,
L'avenir les broiera dans leurs réduits obscurs
Tous ces lézards grouillants aux fentes de nos murs.
Alors la Liberté, dans sa main immortelle,
Levant sur l'horizon sa lampe universelle,
Debout sur les débris du vieux monde détruit,
Comblera de rayons l'abîme de la nuit !
Et ce sera sublime ! — Alors, la terre entière,
Splendide, roulera dans des flots de lumière,
Et l'on ne verra plus, le mal étant dompté,
Aucune tache d'ombre à l'immense clarté.

V

LES FORMES

A MON ONCLE GUILLAUME PAUTHIER :

ORIENTALISTE

L'amour de l'idéal [1], de l'art et de la femme
Est le seul aliment digne d'une belle âme ;
Celui qui ne sent pas, au midi de ses jours,
Habiter en lui-même un de ces trois amours,
Est mauvais à mon sens ; et, fût-il populaire,
Je le tiens enfanté dans un jour de colère,
Et je ne voudrais pas, pour son fragile bien,
Porter dans ma poitrine un cœur pareil au sien.

(Antony DESCHAMPS : — *Dernières paroles.*)

I

Oui, les arts sont vaincus ; les Formes immortelles
Voient les déserts lointains s'élargir devant elles ;
Mais, calmes, dédaignant les mépris des humains, .
Le granit de leurs pieds fait sonner leurs chemins.
Leurs reins n'ont pas fléchi : leurs regards, sans paupière,
Boivent, sans se lasser, l'éternelle lumière,

1. Il y a dans les vers de M. Antony Deschamps, vers adressés à Alfred de Vigny :
ami, l'amour de Dieu ; sans vouloir critiquer l'idée de l'illustre poète, nous nous
sommes permis de changer les premiers hémistiches pour les besoins de notre cause.
Nous espérons qu'il nous le pardonnera.

Et rien ne peut troubler l'immuable fierté
De leurs membres, puissants comme un marbre sculpté.
Leur grâce ondule et chante en admirables poses ;
Le soleil amoureux dore de baisers roses
Les rondeurs de leurs seins et de leurs flancs cambrés.
Elles vont ; elles vont. — Leurs longs cheveux ambrés
En flots marmoréens s'écroulant sur leurs hanches
Mêlent une ombre douce à leurs splendeurs trop blanches.
Dans un rayon vermeil drapant leur nudité,
Elles marchent sans peur, debout dans leur beauté.
Le désert retentit sous leurs pieds qui le froissent :
Vers le pâle Occident les cités, qui décroissent
Et plongent dans les flots des brouillards amassés,
S'accroupissent au loin comme des bœufs lassés,
Et le jaune horizon, tout nuagé de brume,
Comme un feu qui s'éteint, rougit, palpite et fume.

Ces immenses cités grondent confusément ;
Sur leurs fronts obscurcis rampe le firmament
Où roulent des clameurs et des rumeurs énormes.
Elles ont exilé le chœur divin des Formes
Parce qu'il entonnait avec sérénité
L'hymne de l'Idéal et de la Liberté,
Et qu'il ne voulait pas, dédaignant son salaire,
Mettre sa lèvre sainte aux gages du vulgaire.
Le vulgaire est venu, l'œil sanglant de courroux :
Il leur a dit : — « Partez ! je ne veux pas de vous ! »
Et toutes, sans regrets, sans plaintes, sans prières,
A travers les gamins qui leur jetaient des pierres,

Ont gagné les déserts profonds, où le soleil
Étend son manteau d'or sur le sable vermeil,
Et, glissant ses rayons dans l'étendue, ondoie
Vers les lointains rosés dont la ligne verdoie.

Donc, elles vont ! — Cherchant des climats plus constants
A travers les déserts elles vont au printemps,
Et leur troupe sonore et fière s'achemine
A l'horizon charmant qu'embaume l'aubépine
Où, dans des nids de fleurs, les chansons des oiseaux
Chantent le nouvel homme et les siècles nouveaux.
L'avenir les attend ; — quelques rares fidèles,
L'air pensif et le front serein, vont derrière elles ;
Et leurs yeux, tout remplis des futures clartés,
Se teignent de l'azur lointain des chauds étés
Dont les baisers dorraient les Parthénons attiques.

Cités de l'avenir ! les désirs prophétiques
Devançant ces chercheurs, au regard fier et doux,
Comme un essaim d'oiseaux se sont posés sur vous ;
Quand, apaisant enfin l'Espérance insoumise,
Réaliserez-vous la Liberté promise,
Et ferez-vous fleurir, sous le ciel de l'été,
L'épanouissement d'une autre humanité ?
Vous reverrez alors, sous l'ampleur des cieux calmes,
Revenir en chantant le chœur des Formes almes
Qui, dans un jeune hymen vous vouant leur beauté,
Sacreront les labeurs de votre Liberté.

Quand viendra le retour de leur exil impie,
Nul de nous ne le sait. — Notre race assoupie

Dans les énervements des mangeurs d'opium,
Mourra-t-elle sans voir le nouveau Labarum,
Sur les jeunes remparts que l'Orient arrose,
Se lever et flotter dans un frais rayon rose ?
Ah ! nos yeux, ennuyés de vos fausses grandeurs,
Désirent contempler ces nouvelles splendeurs,
Et rajeunir un peu leurs lumières ternies
Dans l'Océan lointain des clartés infinies.
Ce siècle de brouillards, tout traversé d'éclairs,
Plein de foudres, ressemble à ces pesants hivers
Où, sur les caps brumeux battus des mers lascives,
Échevelant aux vents leurs lames convulsives,
Ossian écoutait, sous les nuages lourds,
Ses aïeux chuchotant leurs gémissements sourds.
Soleil ! Dieu des beaux jours et des âmes sereines,
Verse à l'humanité les grâces souveraines,
Et de tes chauds baisers fécondant son sein mûr,
Hâte l'éclosion de son enfant futur !

II

Tout en songeant ainsi, mes regards extatiques
Contemplaient une forme aux lignes magnifiques,
Dont le corps, chastement vêtu de nudité,
Avec un air si fier étalait sa beauté
Que la solennité, qui chantait dans ses poses,
Courbait mon front pensif à ses pieds blancs et roses.
Ses seins étaient sculptés dans l'antique Paros,
Et ses yeux d'outremer, où souriait Éros,

Promenaient cependant sur les choses du monde
Une tranquillité ravissante et profonde ;
Ils reflétaient au loin, comme de purs cristaux,
L'azur indéfini des cieux orientaux,
Et parfois les éclairs des passions nouvelles
Dans leur sérénité jetaient des étincelles.
L'Asie, au teint de cuivre, aux regards enchantés,
Au corps ferme et poli, puissante aux voluptés,
Et qui, sous son ciel rose, aime à boire l'ivresse
Au pis de l'Idéal qui berce sa paresse,
Avait versé sur elle, ainsi que sa langueur,
Sa force nonchalante et sa vague splendeur.
Mais, pour harmoniser ses grâces trop confuses,
L'Hellade, aux regards bleus, sœur jumelle des Muses,
De son fils Phidias emprunta le ciseau,
Pour assouplir son corps, svelte comme un roseau !

Cette forme sublime est la forme que j'aime :
C'est celle que je suis dans le désert. Lors même
Que je ferme les yeux, elle est dans mon esprit.
Sa puissante bonté m'encourage et sourit,
Et son regard clément écoute le cantique
Que chante à sa beauté ma volupté plastique.
L'autre jour, le front morne et le cœur obscurci,
Marchant à ses côtés, je lui parlais ainsi :

« — Fille de l'Orient et de la blonde Hellade,
» Mon corps est las enfin et mon âme est malade,
» Et, malgré moi, souvent je me sens attristé
» Par cette solitude et cette immensité.

» Si je n'avais tes yeux pour y boire la vie,
» J'aurais cessé déjà cette route suivie ;
» Car l'horizon lointain, fuyant incessamment,
» Semble ne s'arrêter qu'avec le firmament,
» Et mon œil ne sait pas si les splendeurs promises,
» Éclatent par delà ces lueurs indécises.
» Quand nous aurons atteint la fin de notre exil,
» Le rêve de ton cœur se vérifira-t-il,
» Et les âmes, essaims amoureux, viendront-elles
» Savourer dans leurs fleurs tes beautés immortelles ?
» Ah ! qu'il est rude et long le chemin que tu suis !
» Sous le plomb de leurs mains, les orgueilleux ennuis
» Décolorent nos fronts qui se penchent et songent ;
» Et les mornes déserts immuables s'allongent
» Sous le pesant soleil qui cuivre leur manteau
» De sables, que ne moire aucun frais ruban d'eau.
» Devant leur majesté sinistre et solitaire
» Je regrette parfois le sentier du vulgaire,
» Où, marchant sur les pas de la fatalité,
» Je n'aurais pas conçu l'amour de la beauté,
» Et ne poursuivrais point, vers un but invisible,
» Ce fuyard d'idéal, toujours inaccessible.
» O toi, dont la puissance ignore les combats
» Du corps et de l'esprit qui ne s'entendent pas,
» O Forme, enseigne-moi, pour le mépris des choses,
» Cette tranquillité superbe de tes poses,
» Et daigne revêtir mon esprit agité
» De l'invincible airain de ta sérénité ! »

III

Elle me répondit : — « Oui, cette route est rude ;
» Et, seuls, les pas des forts y marchent jusqu'au bout.
« Car celui qui sait vivre avec la solitude
» Sous la main des Ennuis saura rester debout.

» Ah ! nous ne conduisons aux lumières futures
» Que ceux dont la puissance et dont la volonté
» Suivent patiemment, sans pleurs et sans murmures,
» Le chemin du désert et de l'éternité.

» Comme un serpent, qu'il rampe en un étroit espace
» L'homme dont le pied mou ne sait pas fièrement
» Vaincre le sol qu'il foule et conquérir la place
» Qu'il lui faut sur la terre et sous le firmament !

» Qu'il se couche, en pleurant, quand sa faiblesse est lasse !
» Va ! tu n'entreras pas dans l'horizon vermeil
» Si ton désir altier ne quitte l'ombre basse,
» N'ouvre son aile au vent et son œil au soleil.

» Ne suis pas nos chemins ! ne nous prends pas pour guides
» Si ton courage esclave est soumis à tes sens,
» Et s'il laisse les nœuds des passions perfides
» S'enrouler à tes reins courbés et fléchissants.

» Que l'amour reste assis dans le ciel de ton âme ;
» Dans les pays nouveaux tu peux porter ton Dieu.
» Mets, pour le parfumer, une image de femme
» Sur l'autel de ton cœur où tu veilles le feu.

» Mais ne déflore pas sur des lèvres publiques
» Les fraîcheurs de ta force et de ta volupté ;
» Les poisons énervants des plaisirs impudiques
» Aviliraient ton âme et tùraient sa fierté.

» Confiant dans ton sort et dans ta conscience,
» Suis mes yeux, dédaigneux d'un soleil affaibli ;
» Pour bâton de voyage ayant pris la science,
» Entre le siècle et toi laisse monter l'oubli ! »

J'adopte ses conseils ; sans soupirs et sans plainte
Je m'avance au milieu des immenses déserts ;
Lorsque l'homme est ainsi, la solitude est sainte,
Et je veux librement y murmurer des vers.

Fuyant les lents sentiers, que couvre l'ombre lourde,
Moi ! je veux conquérir la future clarté :
Que m'importe, ô Progrès ! que la foule soit sourde
A la voix de la Forme et de la Liberté ?

Poëte, vois, là-bas — La Justice et la Gloire
Lèvent leurs fronts vermeils par-dessus l'horizon :
Va donc ! explore en paix les champs mûrs de l'histoire,
Et, sous l'œil du soleil, cueilles-y ta moisson !

VI

SOUHAIT

Autour de ta beauté, qu'il caresse de l'aile,
L'essaim blond de més vers bourdonne ses adieux ;
Et ravive un moment son éclat jeune et frêle
A la splendeur profonde et calme de tes yeux.

Ces vers sont tes enfants ; ton sein chaud et fidèle
Leur ouvrit constamment son asile joyeux ;
Et, par de longs fils d'or, ta magique prunelle
Dirigera leur vol dans l'Infini des cieux.

Après avoir, quatre ans, soigné notre couvée
Nous lui livrons enfin la Liberté rêvée ;
Ah ! dans dix ans encor, puisse un essaim plus beau,

Moissonnant le jardin de tes grâces écloses,
En verser, en chantant, les myrtes et les roses
Sur notre vieil amour, toujours jeune et nouveau !

ERRATA

Page 86, (*Le cloître et la mort*) vers 4, au lieu de, et l'anathème ailé; *lisez* : Et l'anathème prompt.

Même pièce, p. 88, vers 2, au lieu de :
Sur l'autel allumé jamais cire de neige ; *lisez* : Sur l'autel allumé jamais cire de cierge.

www.ingramcontent.com/pod-product-compliance
Lightning Source LLC
Chambersburg PA
CBHW070637100426
42744CB00006B/720